"인류에게 결정적인 문제는
공격 충동과 자기파괴 충동이
공동생활을 방해하는 것을
문명 발전이 억누르는 데
얼마나 성공할 것인가다."

프로이트,『문명 속의 불만』

인문잡지 한편
2022년 1월
7호

중독

**쾌락의 방향을
바꾸자**

그는 전문가가 되기로 마음먹었다. 모든 것에 대해 의견을 가지게 된 것이다. 도시에서 열리는 공연마다 정보를 검색하며 자신의 의견을 세운 뒤 입장한다. 공연장에 울려 퍼지는 첫 음을 듣자마자 할 말을 생각한다. 중간에 나온 그는 친구들과 거침없이 연주자를 욕하면서 쾌락을 느낀다. 오지 않은 동행에게 메시지를 전송한다. 형편없었어. 이제 자리에 누워서 그가 좋아하는 거장의 앨범을 수천 번째 듣는다. 그리고 "불안에 사로잡혀 잠들지 못한다. 절망적으로 외로워하며."(『이제 당신의 손을 보여 줘요』)

피아니스트 알렉상드르 타로가 들려주는 이야기에서 주인공은 손에 스마트폰을 쥐고 있다. 스마트폰으로 검색하고, 의견을 형성하고, 소통하고, 음악을 듣는다. 그리고 잠들지 못한다. 아마 자신에게 악플을 달았을 청중의 쾌락과 불안, 외로움을 이해하며 타로는 이렇게 말을 건넨다. "이제 당신의 손을 보여 주세요." 하지만 내민 손에 있는 것, 그것은 스마트폰이다.

극한의 신민함 속에서

《한편》7호 '중독'의 출발점은 스마트폰중독이다. "마, 니 서마터폰중독이다!" 하는 인터넷 밈이 있듯 우리가 스마트폰에 완전히 포위된 상황을 진단하기 위해서 많은 통계가 필요한 것은 아니다. 2021년 과학기술정보통신부 조사에 따르면 2020년 기준 한국인의 한 주 주 평균 스마트폰 이용 시간은 11.9시간이고 한국의 만 3세 이상 인구 91.1퍼센트가 스마트폰 이용자다. 각자 사용 시간의 들고남보다도 전반적인 영향력이 거대한 상황이다. 이 기계를 처음 손에 잡은 최초의 시간 이후로 어느 날 사람들은 헤어날 수 없는 마력을 느끼고, 줄여야 한다고 생각한다. 다시 많이 하게 된다. 이런 경험이 있다면, 중독이란 나의 의사와 무관하게 어떤 행동이나 생각을 반복하는 일을 멈출 수 없는 현상을 가리키는 것임을 이미 알고 있는 셈이다.

나는 '중독' 호의 방향을 고민하면서 사무실 서가를 자주 건너다봤다. 한쪽에는 자기계발하는 주체를 분석하는 인문사회과학서들이 다른 한쪽에는 일 잘하는 법을 알려주는 실용서들이 있다. 그리고 술을 끊자 놀라운 삶이 시작되었다는 에세이, 돈이 없을수록 아파트를 사고 1000만 원만 있어도 아파트를 사라는 책이 베스트셀러에 있다. 인스타그램에는 갓생 사는 사람들의 이미지가, 트위터에는 고통의 인생을 토로하는 텍스트가, 페이스북에는 모든 것에 대한 의견이 넘치고 흐른다. 이 모든 콘텐츠를 보고 있는 나의 주의 산만. 내 스마트폰중독과 알코올중독은 약간 지나친 의존일까, 심각한 비정상일까? 혼란한 세계, 힘겨운 인생 속에서 내가 뭘 선택할 수 있단 말인가? 10년 전 신자유주의적 주체를 비판했던 선생들은 누구나 자기 삶을 챙겨야만 한다는 점을 이해하지 못했다. 하지만 자기계발서를 거꾸러트린 건 자산소득이 노동소득을 아득히 초월하는 현실이다. 내가 달라져야 할 이유는 뭘까?

인문잡지를 만드는 우리는 당사자로서도 치료자로서도 중독 전문가가 될 수는 없지만, 중독의 의미는 아직 결정되지 않았다는 사실을 알게 되었다. 여성학, 인류학, 퀴어 연구, 임상심리학, 장애학, 문헌학, 지리학에서 경영과 음악평론, 번역에 이르기까지 열 편은 열 가지 의미를 보여 준다. "3분마다 흩어지는"(요한 하리) 극한의 산만함 속에서 영상이 아니라 글, 화면과 함께 종이를 보며 어렵게 결정된 의미들이다.

스마트폰 속 쾌락

"장치 너머에는 할 것이 아무것도 없다."(『몸짓들』) 1991년 사망한 철학자 빌렘 플루서는 장치라는 말로 18세기 산업혁명 이래의 기계를 가리키지만 스마트폰이나 인공지능을 넣어도 뜻은 통한다. 장치는 모든 것을 할 수 있으며, 인간이 장치 밖에서 할 수 있는 모든 것을 장치가 더 잘한다는 이야기다. 스마트폰으로 악플을 쓰는 손을 떠올려 보자. 그 몸짓의 원인을 설명하는 과학은 가능하다. '그는 혐오자이거나, 무직자이거나, 어떤 정당의 지지자이거나, 남자이거나 여자다.' 하지만 그 몸짓의 의미는 완전히 설명되지 않는다. "장치가 자리 잡은 곳에서는, 기능하는 것밖에는 아무것도 남지 않기 때문이다."

스마트폰의 중독 유발 디자인을 파헤치는 논픽션과 기계 시대외 어두운 전망은 비추는 철학책을 옆에 두고, '중독' 호는 구체적인 이야기에서 출발한다. 무력한 중독자로 환원되지 않는 온라인상의 실제 사람들을 만난 여성학 연구자 김지효는 「인생샷을 찾는 사람들」에서 거울을 앞에 두고 혼자 자아도취된 젊은 여자라는 이미지를 격파한다. 최근 유행하는 인생샷 찍기는 동료와 협업으로 이루어지는 또래문화로, 사진을 보는 관객들이 거들어 온 관심 경제의 일부다. 사진을 올렸으면 무슨 평가든 감당하라는 식의 주시자들 쪽으로 손전등을 비추는 글이다.

음악평론가 김민주는 「미디어중독자의 행복한 삶」에서 힙합 그룹 에픽하이 팬으로서 평론가가 되었다는 성덕(성공한 덕후) 이야기를 펼친다. 인터넷중독을 우려하는 어른들은 오프라인 세계의 고통을 감싸 안는 온라인의 삶을 모른다. 소셜 네트워크에서 의사소통하고 시행착오를 겪으며 디지털미디어 사용 역량을 갖추어 나가는 과정은 리스펙을 부른다. 셀카중독과 미디어중독이라는 명명이 사실 잘 모르는 것을 비난하는 방식에 불과했음을 드러내는 두 편이다.

죽음에 이르는 쾌락

중독은 일반적으로 물질중독과 행위중독으로 나뉜다. 물질중독은 인간의 몸이 알코올, 니코틴, 아편 등 약물에 중독되는 것이며, 행위중독은 도박, 성행위, 쇼핑, 게임, 인터넷 서핑 등에 보다 넓게 적용된다. 중독의 실재, 중독의 핵심은 물질에 내성이 생기면서 갈망과 금단 증상이 갈수록 심해진다는 데 있다. 모든 쾌락에는 부작용이 따른다.

그런데 물질이 작용하는 몸이란 무엇인가? 정신과 신체, 마음과 몸은 어떻게 다르고 어떻게 통할까? 마음이 있는 곳은 머리일까, 심장일까?(『히스토리에』) 철학과 과학이 함께 탐구하고 있는 이 오래된 문제는 중독자의 자리에 설 때 구체적으로 풀어 볼 수 있다.

7호의 중추에서는 과학의 이야기를 듣는다. 병원에서 완치되지 않는 환자를 이해하기 위해 문화인류학, 장애학, 문학을 읽는다. 앎을 얻기 위해 분과 학문들의 우열을 가리는 것이 아니라 "다원주의를 채택할 때의 혜택"(장하석)이 확인된다. 뇌과학에서 역사학, 인류학으로 옮겨 가는 김관욱의 「"담배, 참 맛있죠"」는 중독자를 이해하려는 사람들이 품었을 법한 여러 의문들을 망라한다. '삶이 초래한 금단 증세'에 스스로 대처하기 위한 한 환자의 흡연을 일종의 의례로 설명하는 이 글은 최근 리추얼, 영성, 금욕을 향한 고조되는 관심을 사회와 연결할 여지를 남긴다.

의학과 법학을 전공하고 장애인언론《비마이너》에 기고 중인 유기훈의 「강제 치료를 둘러싼 문제」는 의료 현장에서 맞닥뜨리는 난처함에서 시작한다. 술 때문에 인사불성이거나 고집불통인 가족을 어떻게 병원에 데려갈까? 인간은 자유로운 존재라는 근대 철학의 이상과 중독물질이 뇌를 납치한다는 정신의학의 진단은 중독자의 자율성에 관해 딜레마를 낳는다. 실마리는 중독의 원인을 몸에서 사회로 옮겨 오는 장애학에서 풀리며, 이때 자유의 의미 또한 변화한다.

늘 스포트라이트를 받는 중독자-예술가 곁에는 이들을 돌보는 보호자가 있다. 파트너의 회복을 위한 끝없는 도움으로 소진되는 보호자를 지지하기 위해 임상심리전문가 임민경은 무한한 헌신 대 냉정한 선 긋기라는 이분법을 비껴간다. 중독물질을 향한 욕망 자체는 제어할 수 없더라도, 행동은 조절할 수 있다. 「중독자의 곁에 있기」는 행동 조절을 위한 중독자와 보호자의 동맹을 신중하게 제안한다.

한편 연구활동가 허성원은 소셜 미디어에 자신의 성행위를 중계하는 섹스 중계 중독자들의 이야기로 쾌락 속의 지루함, 해방감 속의 구속감이라는 이면적 감각을 들여다본다. 그가 만난 한 피면접자는 우연한 계기로 섹스 중계 행위를 그만두면서 자기방치에서 타인에의 의존으로 건너간다. 이런 변화가 더 낫다고만 말할 수 없지만, 변화는 감각의 수준에서 일어난다는 점을 일깨우는 「섹스 중계자들의 우화」다.

약간 더 건강한 쪽으로

12세기 철학자 주희는 견해가 다른 자를 가리켜 '약간 중독되었다(小中毒)'라고 표현했다. 자신과 다른 학설에 빠졌다는 이유로 독에 빠졌다고 규정한 것이다. 이렇게 새로운 것을 억누르면서 권위 세우는 일은 17~18세기 조선에서 반복된다. 문헌학자 노경희의 「불멸에 이르는 중독」에 따르면 다른 사상을 억압하는 경직된 조선에서 변화를 이끌어 낸 이들은 뭔가에 깊게 빠진 사람들이었다. 책에 미쳐 살았던 조선의 한 책장수가 다부지게 말한다. "내가 단순히 천하의 책만을 이해할 뿐일까요?"

후반부에 이르러 《한편》은 중독을 부추기는 세계 쪽으로 손전등을 비춘다. 중독이 건강하지 않다는 점은 건강한 사람은 물론 중독 당사자도 잘 알고 있다. 중독의 난점은 쾌락보다 고통이 크니까 끊겠다는 이성이 아니라, 고통이 따르는 걸 나는 알고 있고, 그리고 나는 쾌락을 취한다고 하는 이성에 있다. 이러한 쾌락 원칙이 낳는 수많은 고통 앞에서 어떻게 해야 할까?

「CEO의 '착한' 경쟁 이야기」에서 사용자의 중독을 유발하는 디지털 환경에 둘러싸인 조성도는 사회적 가치를 추구할 방안을 고민한다. 최고경영자라는 지위도 매출 압박 속에 무색해질 때, 한 사람의 운신의 폭이라는 상투어는 장기적 관점을 채택하는 디자이너의 행동에서 생생해진다.

지리학 연구자 정진영과 일본어 번역가 지비원은 독자의 시간을 부동산 투자에서 인문서로 뺏어 온다는 《한편》의 기획에 발맞춰 통찰을 공유한다. 사람이 존엄하게 살 수 없는 집이 재생산되는 이유를 찾는 「집으로 돈 버는 세계에서」는 자유로운 상품 거래의 세목에서 평범한 욕망이 초래하는 착취를 발견한다. 이로 인한 세계의 고통은 보다 약한 쪽으로 전가될 뿐 사라지지 않는다. 「인문서에 집착하는 이유」는 인문학을 읽고 싶다, 읽히고 싶다는 출판업 종사자의 바람을 담았다. 이 글에서 제시하는 '언어 내 번역' 또는 바꾸어 말하기라는 방법은 글을 쓸 때, 타자와 대화할 때 그대로 적용할 수 있다. 우리는 이 바꾸어 말하기라는 실천을 2022년 새해의 목표로 권한다.

죽음 충동을 넘어서

호랑이의 해, 뉴스는 정치인들의 소요로 도배되고 온라인 커뮤니티에서는 그에 발맞춰 매일매일 밈을 만들어 낸다. 정치란 뭘까?

그는 정치 전문가가 되기로 마음먹었다. 모든 것에 대해 의견을 가지기로 한 것이다. 모든 정보를 검색하며 자신의 의견을 세운 뒤 뉴스 제목을 보자마자 할 말을 생각한다……. 이 이야기에서 문제는 '보자마자'다. 보통 기사 본문을 읽으라고 권장되지만 사실 아예 안 봐도 문제없다. 새로운 음악 또한 안 들어도 된다. 하지만 만약 듣는다면 귀를 기울여야 한다. 자극과 반응 사이에는 공간이 필요하다.

《한편》 1호 '세대'에서 20대 남자는 페미니즘이라는 말을 다른 세대, 성별과는 아예 다른 의미로 쓴다고 지적했던 영문학 연구자 이우창은 《시민과 세계》(2021년 하반기호)에서 반페미니즘을 둘러싼 분쟁에 개입한다. 기성 양당이 호응하고 있는 2030 남성의 안티페미니즘은 앞서 "여성혐오자를 집단 행동으로 응징"했던 온라인 페미니즘 운동의 전략을 답습한 것이라는 분석이다. 그는 상대방을 윤리적으로 비판하는 전략은 역풍을 맞기 마련이므로, 내부에서만 통하는 언어를 사회의 다른 사람들에게 "어떻게 번역할 수 있느냐"에 미래가 달려 있다고 말한다. 그런데 왜 번역해야 할까? 의문이 남는다면 주디스 그리셀의 이야기를 들어 보자.

"밑바닥 약물중독자"(『중독에 빠진 뇌과학자』)였던 그는 스물세 번째 생일날 아버지가 불러서 동네 식당에 갔다. 당시 자식이 몇이냐는 질문에 아들만 둘이라고 대답하던 아버지는 뜬금없이 "네가 그저 행복했으면 좋겠다."라고 말했다. 함께 마약을 하던 친구가 죽고, FBI에게 쫓기고, 학교에서 쫓겨나면서도 약을 끊지 못했던 그는 이렇게 회고한다. "결국 나를 변화시킨 것은 인간적인 사랑과 타인과의 연결이었다." 사랑? 1930년 프로이트는 성적 충동만이 아니라 죽음을 향한 충동이 인간을 움직인다는 것을 감지하며 이렇게 썼다. "우리는 영원한 에로스가 그와 똑같이 불멸적 존재인 적수와의 투쟁에서 열심히 버티어 주기를 기대할 수밖에 없다."

신새벽(편집자)

일러두기

[1] 저자의 주는 각주로 표시했고 참고 문헌은 권말에 모았다. 외래어 표기는 국립국어원의 외래어 표기법을 따랐으며 일부 관례로 굳어진 것은 예외로 두었다.

[2] 단행본은 『 』로, 논문, 신문기사, 예술작품 등 개별 작품은 「 」로, 신문과 잡지 등 연속간행물은 《 》로 표시했다.

김지훈

김지호   학부에서 언론정보학을, 대학원에서 여성학을 공부했다.
「20대 여성의 인생사진 문화 연구」로 석사학위를 받았고, 매듭 논문으로 「페미니스트'들'의 인스타그램: 디지털 평판과 SNS 페미니즘」이 있다. 인스타그램의 '인생샷' 그리고 '탈코르셋' 전시 문화에 대한 단행본을 출간할 예정이다.

[주요어] #인생샷 #평판문화 #온라인커뮤니티
[분류] 여성학 > 여성주의 문화연구

"셀카는 사회와 격리된
진공의 공간에서
만들어지는 것이 아니라,
그것을 보는 사람들의 특성을 파악하고
그들과의 관계성을
적극적으로 고려해서 제작된다.
다시 말해 셀카는 여성 '개인'이 아닌
이성애 중심적 사회 '관계'와 연관되어 있다."

2013년 옥스퍼드 대학 출판사는 올해의 단어로 '셀피(Selfie)'를 뽑았다.[1] 《타임》은 셀피가 2013년에 유행어가 되었고 2014년을 기점으로 하나의 문화 현상이 되었다고 설명했다.[2] 그런데 뭔가 이상하다. 2014년은 이미 내가 수많은 하두리 캠사진과 싸이월드 '얼짱' 스타일 셀카를 '흑역사'로 남긴 채 페이스북스타식 '인생샷'을 찍기 위해 몰두하고 있던 시기다. 아무리 짧게 잡아도 당시 나의 셀카 경력은 10년에 달했다. 왜 내 경험은 셀피의 역사에 끼지 못하는 걸까?

[1] "Selfie is Oxford Dictionaries' word of the year," *The Guardian*(2013. 11. 19).
[2] "The 25 Best Inventions of 2014," *Time*(2014. 11. 20).

서양의 셀피 문화는 2010년대에 들어서야 시작했지만, 한국의 셀카 문화는 2000년대 초반부터 자리를 잡고 있었다. 셀카는 셀프(self)와 카메라(camera)가 결합된 조어이지만 사실은 한국에서 발명된 '한국어'다. 한국인은 셀피의 역사가 시작되기 한참 전부터 셀카를 찍어 온 셀카의 민족이다.

셀카에 중독된 여성?

한국의 셀카 문화는 독자적인 역사를 가지고 발전해 왔지만, 이상하리만큼 빈약하게 해석되거나 심지어 폄하당한다. 셀카는 주로 할 일 없고 한심한 요즘 여자애들의 자아도취적 놀이로 이해된다. 나르시시즘, 자기애 과잉, 공감 능력 부족, '관종', 과도하게 낮은 자존감 또는 과도하게 높은 자존감 등은 셀카 찍는 여성을 설명할 때 빈번하게 소환되는 단어다.

　　최근에는 젊은 여성의 셀카 문화가 중독의 이름으로 논의되기도 한다. 셀카중독은 학술적 차원에서 정밀하게 고안된 용어는 아니지만 대중 담론장에서 일상적으로 사용된다. 셀카 증후군은 "하루에 몇 번 이상

타자의 관심을 끌지 못하면 얼굴이나 몸매 등 자신의 신체에 수치심을 느끼거나 자존감에 상처를 받아 우울증에 빠지는 자아 중독 상태"[3]를 뜻한다. 철학자 한병철은 "피가 흐르는 상처들"을 가진 사람들이 "공허한 자아를 잠시 동안 은폐"하려는 시도로 셀카를 찍으며, 따라서 셀카중독은 "고립된 나르시시즘적 자아의 공회전"과 같다고 설명한 바 있다. 그는 셀카 촬영이 자기상해를 통해 공허한 자아를 처리하려 한다는 점에서 자살 테러와 견줄 수 있다고 분석한다.[4]

셀카중독에 관한 일련의 논의에서는 다음과 같은 이미지가 반복해서 재현되는 것을 확인할 수 있다. 혼자만의 방에서 공허함을 채우기 위해 자신에게 집착하며 끊임없이 카메라 셔터를 누르는 여성. 이러한 셀카중독의 원인은 "오로지 나만을 생각"하는 "자아중독"과 "사회적 책임감" 고갈에 있다고 여겨지기에, 문제의 해결책으로는 자연스럽게 비성찰적인 개인의 각성

---

[3] 장은수, 「셀카에 빠진 아이들」, 《매일경제》, 2018년 11월 24일자; 미셸 보바, 안진희 옮김, 『셀카에 빠진 아이, 왜 위험한가』(보물창고, 2018)의 서평.
[4] 한병철, 『타자의 추방』(문학과지성사, 2017), 42~44쪽.

이 제시된다. 이를테면 "셀카에 빠진 자아중독자"이자 "어린 나르시시스트"들이 "자기에 대한 관심만큼이나 타인에 대한 공감"을 늘려야 한다고 말한다.[5]

셀카라는 또래문화

정말 여성들은 스스로에게 도취되어 셀카를 찍는 것일까? 나는 20대 여성의 인스타그램 인생샷 연출 문화로 석사논문을 쓰며 셀카 문화를 연구했다.[6] 디지털 카메라의 보급기에 성장한 한국의 청년 여성들은 생애 전반에 걸쳐 셀카를 연출해 왔다. 이들이 2000년대 초반 '캠사진'에, 2000년대 중후반 '얼짱사진'에 열중했다면, 현재 유행하는 셀카 양식은 인생샷이다.[7] 인생샷

[5] 장은수, 앞의 글.
[6] 김지효, 「20대 여성의 인생사진 문화 연구」, 서울대학교 여성학협동과정 석사학위논문(2020). 이 논문에서 나는 인생샷이 SNS에 업로드된다는 점에 주목해 상호 과정의 맥락에서 셀카의 의미를 해석하기 위해 인생샷 문화에 적극적으로 참여하고 있는 20대 여성 열 명을 심층면접 했다. 이후 직접 인용된 인터뷰이의 말은 모두 이 논문으로부터 재인용한다.
[7] 이 글에서는 셀카를 '제작자와 피사체가 일치하는 사진'으로 넓게 정의한다. 그중 인생샷은 즉흥적으로 순간을 포착하는 일반적인 사진과 달리 상당히 긴 준비 과정과 사후 관리를 거쳐 제작된다. 여성들은 완벽

은 인생에 한 번 있을까 말까 할 정도로 잘 찍힌 사진을 뜻하며, 콘셉트를 정해 카페, 여행지 등의 배경과 인물을 함께 담는 것이 특징이다. 인생샷 문화는 2019년 서울대 소비트렌드센터에서 대한민국 트렌드로 선정되었을 만큼 젊은 여성들 사이에서 크게 유행하고 있다.

연구에서 흥미로웠던 부분은 인생샷이 처음부터 끝까지 집단지성을 활용한 협업 체제를 통해 만들어진다는 것이다. 흔히 셀카는 방에서 혼자 얼굴을 이리저리 돌려 가며 찍는 모습으로 상상된다. 그러나 여성들은 서로의 확장된 팔이자 '인간 셀카봉'으로서 셀카를 함께 찍는다. 이들은 인스타그램에서 #인생샷성지, #감성카페 등을 검색해 마음에 드는 게시물에 친구들을 태그하며 촬영 장소를 정하고, 장소에 어울리는 의상과 소품, 포즈 등을 심도 있게 논의한다. 촬영지에서는 친구의 인생샷을 건지기 위해 '한 번에 백 장씩' 사

한 자기 사진을 건지기 위해 인공 추억 기획, 촬영 장소 선정, 의상 및 소품 준비, 촬영 감독, 사후 보정 등의 과정을 거친다. 촬영자는 셀카의 주인공이 사전에 준비해 놓은 장소와 상황에서 피사체의 '확장된 팔'이 되어 그의 기획 의도에 맞는 셀카를 성공적으로 촬영해 주는 역할을 담당한다. 피사체는 자신의 사진이 제작되는 전 과정을 기획하고 관리 감독하는 책임자라고 할 수 있다.

집을 찍는다. 셀카를 찍은 후에도 분업을 통해 사진을 보정하고, 보정 후에는 서로에게 사진이 괜찮은지 '컨펌'을 받는다.

인생샷은 여성들의 집단적 협업을 통해 만들어진다. 이는 남성의 셀카 실천과 다른 점이기도 하다. 남성들은 개인적으로 셀카를 찍을 뿐, 친구들과 함께 인생샷을 위한 여행을 기획하거나 서로의 보정된 사진을 검사해 주지 않는다. 반면 여성들은 셀카에 대한 공통적 감각을 공유하며 인생샷을 제작하는 모든 과정을 함께했다. 셀카가 이처럼 '비성찰적' 여성 '개인'의 특수한 실천이 아니라 여성 동성사회의 또래문화라는 점은, 따라서 젠더화된 방식으로 실천되는 셀카의 의미를 보다 구체적으로 질문해야 할 필요성을 제기한다.

셀카의 관객들

잠시 한국에서 셀카를 찍기 시작한 시기로 돌아가 보자. 서양에서 셀피 문화의 시작을 2010년대 초중반으로 본 것은 스마트폰이 대중화된 시기를 기준으로 삼았기 때문이다. 반면 한국에서는 스마트폰이 출시되기

한참 전인 2000년대 초반부터 셀카 문화가 자리 잡았는데, 그 배경에는 인터넷이 매우 빠르게 보급된 한국의 특수성이 있다. 당시 인터넷 커뮤니티가 우후죽순 생겨났고, 그중에는 전설의 시작이라 할 만한 '5대 얼짱 카페'도 있었다.

얼짱 카페의 등장과 함께 셀카 문화가 태동했다는 사실은 당연하게 넘기기 쉽지만 눈여겨보아야 한다. 셀카 문화는 디지털 커뮤니티와 함께 발전했다는 사실을 말해 주기 때문이다. 셀카는 사적인 사진첩 안에만 머물러 있지 않는다. 여성들은 얼짱 카페부터 인스타그램까지 시대의 유행에 따라 공개된 온라인 공간에 사진을 올려 왔고 그곳에는 언제나 사진을 보고, '하트'를 누르고, 댓글을 다는 관객이 있었다. 셀카에 관객이 있다는 것은 셀카가 평가의 대상이 된다는 뜻이다. 셀카는 흔히 찍는 장면을 중심으로 상상되지만, 진짜 중요한 대목은 셀카가 업로드된 이후다. 내가 인터뷰한 여성들은 '혼자 보는' '추억용' 사진과 'SNS 업로드용' 셀카를 엄격하게 구분했다. 후자를 인스타그램에 업로드한 후에는 게시물에 시시각각 달리는 사람들의 평가를 확인했다.

남들이 '좋아요' 많이 받은 사진은 왜 저럴까? 한 번
더 보고. (……) 댓글에서 사람들이 얘를 어떻게 보
는지가 보이는데 예를 들어서 털털한 누나 이미지를
고수하는 사람한테는 "오 누나~" 이런 댓글도 있지
만 괜히 쿠사리 먹이고 장난 치고 가고. 근데 뭐 ○○
여신 이미지의 애한테는 애들이 한 번씩 돌려 보면
서 "오 역시 ○○여신" 이런 식이고. 여자애들도 "와
누구야? 진짜 너무너무 예쁘다." 이런 거 한 번씩 달
고 가고 그랬던 것 같아요. 그냥 그때 저한테는 학교
여론이 바로 SNS 타임라인이었던 것 같고.

셀카를 전시하는 양상은 여성들이 오프라인에서
맺고 있는 관계의 방식에 따라 달라진다. 예를 들면 지
역에서 대학을 다니며 비교적 폐쇄적인 공동체에 속해
있는 여성들은 셀카를 자연스럽게 보정하기 위해 노력
했다. 사진이 실물과 많이 다를 경우 매일 얼굴을 마주
하는 사람들에게 비난을 살 수 있기 때문이다. 반면에
수도권에서 대학을 다니며 준거집단이 분산되어 있는
여성은 사진과 실물의 차이를 크게 의식하지 않고 사
진을 보정하는 모습을 보였다. 팔로어 중 상당수가 자

김지효

신의 실물을 볼 기회가 많지 않기 때문이다.

또한 친밀한 관계로 구성된 공동체에 속한 여성들은 셀카에 달리는 '좋아요' 수보다 누가 댓글을 쓰는지를 더 중요하게 생각하는 경향을 보였다. 팔로어들이 서로를 잘 알고 있는 상황에서 집단에서 힘 있고 유명한 남성과 어떤 관계에 있는지가 평판에 주요한 영향을 끼치기 때문이다. 반면 분산된 준거집단을 가진 이들은 댓글보다 수치를 중시하는 경향이 있었다. 누가 댓글을 달든 서로를 잘 모르는 자신의 팔로어들에게 큰 인상을 주지 못하기 때문이다. 한 인터뷰이는 "팔로어 100만짜리 얼굴, 10만짜리 얼굴, 이런 게 정해져 있는 느낌"이라고 하며, 팔로어 수는 "내가 애정을 받고 있다."라는 것을 한눈에 드러내 "게임으로 말하면 내가 골드 티어"라는 계급 같은 것이라고 설명했다.

이는 단순화된 예시이지만, 여성들이 셀카의 효과와 의미를 자신이 맺고 있는 친밀한 관계망 안에서 구체적으로 경험하고 있다는 점이 중요하다. 셀카는 사회와 격리된 진공의 공간에서 만들어지는 것이 아니라, 그것을 보는 사람들의 특성을 파악하고 그들과의 관계성을 적극적으로 고려해서 제작된다. 다시 말해 셀카는 여성 '개인'이 아닌 이성애 중심적 사회 '관계'와 연관되어 있다.

셀카를 둘러싼 이중 규범

한국 사회는 아름다움을 강요하는 동시에 그 규범을 충실히 이행하는 여성들을 비난해 왔다. 여성들은 돌연히 아무도 요구하지 않은 셀카에 혼자 중독된 미성숙한 존재로 그려진다. 이런 상황에서 여성들은 셀카에 신경 쓰지 않는 것처럼 보이기 위해 노력하곤 한다. "카메라를 의식하지 않은 듯 자연스럽게" 찍고, "포토샵 한 것이 티 나지 않게 자연스럽게" 보정하고, 심지어 사진에 해시태그를 달 때조차 '좋아요'를 노골적으로 원하는 것처럼 보이지 않게 댓글에 몰래 숨겨 둔다.

한 인터뷰이는 자신의 사진에 댓글과 '좋아요'가 많이 달리자 오히려 부담감을 느끼고 인스타그램을 그만두었다. 사람들에게 좋은 반응을 얻고 싶은 "욕구가 항상 꽉 차 있으면서도 그걸 내 입으로 드러내는 게 너무 부끄러"웠기 때문이다. 긍정적 평판 확보가 곧 셀카 전시의 목적이지만, 아이러니하게도 좋은 평가를 받자

마자 SNS 계정 운영을 그만둔 것이다. 이뿐 아니라 여성들은 친구들과 함께 인생샷을 찍으러 다니면서도, 인생샷을 전시하는 다른 여성을 자주 비난하기도 한다. "걔(함께 사진 찍으러 다니는 친구)는 제가 봐도 심하다." 라거나, "저는 인스타그램에 그 정도로 미쳐 있지는 않다."라고 평가하는 식이다.

셀카에 공들이는 여성의 모습은 사람들이 상상하는 '셀카중독녀' 이미지와 다르다. 스스로에 도취되어 인생샷을 올리기보다는 도취된 것처럼 보일까 전전긍긍한다. 완벽하게 연출된 인생샷을 올리되, 그 과정은 철저하게 숨기고 싶어 한다. 이들은 아름다운 사진을 게시하는 동시에 스스로를 전시하는 자신을 끊임없이 검열하며 분열에 시달린다.

셀카에 집착하는 이는 누구인가

중독이라는 명명은 때때로 우리 사회에서 돌봄이 필요한 곳에 조명을 비추는 역할을 한다. 적절한 위치에서 발화되는 중독이라는 이름은 문제의 심각성을 일깨우고, 취약한 사람들을 조명하며, 치유책을 탐색하는 사회적 논의의 장을 만든다. 반면 중독이 행위의 맥락을 삭제하고 그저 행위자를 비난하기 위한 낙인으로 사용될 때도 있다. 이때 제시되는 해결책은 상황과 맥락을 고려한 대안이라기보다는 마음에 들지 않는 상대를 훈계하는 말과 다름없다.

셀카 문화를 묘사하는 장면에는 여성들만 북적거린다. 여성은 셀카의 제작자일 뿐 아니라 평가자이기도 하다. 다른 여성의 외모를 엄격하게 품평하고, 셀카에서 미처 지우지 못한 보정의 흔적을 찾아내 비웃기도 한다. 여성이 셀카를 기획하고 찍고 보정하고 업로드하며 평가까지 하는 상황은 셀카가 여성들만의 문제인 것처럼 보이도록 한다.

셀카 문화를 묘사하는 모든 장면에서 빠져 있으나 실상 평가의 기준을 제공하며 여성을 규율하는 권력을 가진 이들은 누구인가? 여성들이 자신과 타인의 셀카에 집착하는 동안, 원인을 제공하되 한 발자국 떨어져 있음으로써 비난을 피하고 여성들을 훈계하는 성찰적 위치까지 점유한 이들은 누구인가? 여성들의 셀카를 통해 시각적 쾌락과 윤리적 우월감을 얻는 이들에게 충고하며 글을 마치고 싶다. 여성을 타자화함으로

써 주체 되기를 갈망하는 "나르시시즘적 자아의 공회전"을 멈추라. 여성을 자신과 동등한 인간으로 생각하는 "타인에 대한 공감" 능력을 기르라.

미디어중독자의

행복한 사

김미경

김민주   대중음악을 사랑하며 보고 느낀 것을 쓰는 사람. 웹진《아이돌로지》에 정기적으로 기고하고 있다. 비평 프로젝트《알 수 없는 평론가들》에「김도훈으로 보는 K-R&B의 시대」를 실었다.

[주요어] #한국힙합 #에픽하이 #미디어리터러시
[분류] 인문예술 > 대중음악 비평

"사회 일반은 물론 중독자 자신도
미디어중독은 행복과
먼 일이라고 생각하지만,
우리는 우리가 모르는 방식의 행복을
존재하지 않는 것으로
취급해 온 것 같다.
어떻게든 살아간다면 행복은 있다."

나는 미디어 중독자다. 특히 대중음악을 좋아하며, 대중음악을 다루는 거의 모든 미디어에 중독되어 있다. 주로 쓰는 음원 사이트 '스포티파이'에서 작년 한 해 동안 총 청취 시간 4만 1000분을 넘겨 한국 유저 중 상위 2퍼센트에 들었다. 스마트폰으로 트위터와 인터넷을 들여다보는 게 일상이다. 2020년 한국인의 주 평균 스마트폰 이용 시간은 11.9시간이라는데, 내 휴대폰 스크린타임은 일일 평균 7~8시간을 오가고 있으니 참 미디어를 과하게 접하며 사는 것 같다.

스크린타임 증가에는 덕질이 당연히 한몫했다.[1]

[1] 이 글에서 쓰이는 인터넷 용어의 의미는 다음과 같다. 한 분야나 인물에 깊게 빠진 사람을 가리키는 일본어 단어 오타쿠를 변형해 '덕후'라

내 최애 뮤지션은 에픽하이의 타블로다. 타블로는 2009년부터 운영 중인 트위터 계정으로 거의 모든 일정을 공지한다. 팬들과 대화를 주고받거나 때로 합성 사진을 올리며 장난치기도 한다. 중요한 일정은 인스타그램 계정으로도 공지하는데, 인스타그램은 예쁜 사진을 올리거나 라이브 방송을 열어 팬들과 소통하는 용도로 사용한다. 유튜브에는 뮤직비디오를 비롯해 공연 갈무리나 멤버들과 노는 영상 등 자컨을 올린다. 최근에는 신곡 홍보를 위해 틱톡 챌린지를 열기도 했다. 홍보 콘텐츠가 틱톡에 처음 올라온 날 나는 영하 10도의 날씨에 야외 승강장에서 손 어는 줄도 모르고 앱을 깔았다. 최애의 콘텐츠 확인은 단 1분도 늦출 수 없으니까.

미디어에 펀치라인 날리기

내가 에픽하이에 입덕한 것은 모바일 미디어를 통해서다. 8년 전 가지고 다니던 스마트폰에 에픽하이의 「춤

고 하는데, 덕후의 행위를 덕질이라 이른다. '최애'는 가장 좋아하는 대상, '자컨'은 자체 제작 콘텐츠다.

다」(2012) 음원 파일이 있었는데, 그 곡의 가사 한 줄이 인상적이었다. "배를 띄워 다가오면 알겠지/ 내가 섬이 아닌 빙산인 걸." 이 가사에 꽂힌 나는 유튜브에서 타블로의 명가사를 모은 '타블로 펀치라인 모음' 영상을 찾아보며 가사 한마디 한마디에 감탄했고, 그렇게 덕후의 길에 들어섰다.

2021년 12월 TV 프로그램 '놀면 뭐하니?'의 특집 '도토리 페스티벌'에 싸이월드 BGM 인기가수로 출연한 에픽하이를 보고 나는 당황했다. 「플라이(Fly)」(2005) 시절 유치원생이었던 나에게 2000년대 에픽하이의 인기는 경험해 보지 않은 과거 이야기였다. 지금도 신곡을 내며 활발하게 활동하는 가수가 지나간 과거의 상징으로 호명되는 게 씁쓸했다. 막상 방송은 아쉬운 마음이 사라질 정도로 재미있었다. 타블로와 유재석이 출연했던 'X맨을 찾아서'를 언급하고, 지금의 라이브 영상에 옛날 음악방송 자료 화면을 군데군데 끼워 넣은 편집은 향수를 자극한다는 기획을 기막히게 살렸다. 특히 "Today is 우울"을 걸어 놓고 빈방에 아바타를 쓸쓸히 놓아둔, 그 시절 에픽하이의 음악을 BGM으로 썼을 법한 어느 오글거리는 미니홈피가 알고 보니 타블루의 것이었음을 보여 준 연출이 압권이었다.

에픽하이는 21세기 미디어 환경 변화를 온몸으로 통과해 온 사람들이다. 이들은 음악 안에서도 미디어 기술에 관한 관심과 견해를 꾸준히 드러냈다. 「혼자라도」(2004)에서 일상 대화에 굳이 "일촌 파도" 탄다는 말을 넣은 이들은 10년 뒤 '타임라인'을 부제로 달아 SNS 속 정치 극단주의 문제를 다룬 「레슨 5」(2014)를 만들었고, 「하이 테크놀로지(High Technology)」(2009)에서 P2P 음원파일 공유를 비판했으며 12년 뒤 "무의미해 내게 음원차트 성적은/ 뚫어 봐야 지붕 그 이상은 없거든"이라 말하는 신곡 「페이스 아이디(Face ID)」(2021)를 내놓았다. "어차피 다들 센 척하지/ 막상 대면하면 무장해제 페이스 아이디"라며 얼굴을 맞댄 소통을 진실되게 여긴 가사에서 볼 수 있듯 에픽하이에게 미디어는 거짓이 만연하고 혼란스러운 곳이다. 그러나 이들은 음악인으로 성공하기 위해 당대 그 어느 가수보다도 열심히 미디어에 얼굴을 비췄다. 한 가지 진실은, 사랑과 오해를 동시에 받는 와중에도 이들은 끝끝내 길고 매력적인 음악 커리어를 만들어 냈다는 것이

김민주

다. 이제는 그렇기 때문에 미디어에서 그들을 계속 찾는다는 걸 아마 본인들도 알고 있을 것이다.

친애가 준 희망

에픽하이에 막 입문한 중학교 3학년 시절 나는 타블로의 솔로 앨범 『열꽃』(2011)을 들으며 나도 모르던 내 감정을 언어로 표현한 가사가 내 이야기를 대신 해 준 것 같아서 좋아했다. "사람이 운다는 것은 참을수록 길게 내뱉게만 되는 그저 그런 숨 같은 일"(「집」)이라니, 이런 말을 해 준 사람은 타블로가 처음이었다.

나는 그해 봄과 여름 온통 에픽하이에 빠져 지냈다. 『열꽃』 앨범을 내 이야기로 여길 만큼 안 좋은 일이 많았고, 우울했던 탓이다. 열 장 넘게 쌓인 다채로운 디스코그래피를 따라가다 보니 덕질할 맛이 났다. "알기도 전에 느낀 고독이란 단어의 뜻"(「백야」)을 풀다가도 "어두운 밤일수록 밝은 별은 더 빛나"(「플라이」)라며 희망을 외치고, "이 땅의 법이 출석부라면 나 결석하리"(「레슨 2」)라고 패기롭다가도 "그대는 내 머리 위의 우산"(「우산」)이라며 사랑에 쩔쩔매는 이 너른 감정

선을 관통하는 아티스트의 캐릭터성에 빠져 있다 보면 시간이 금방 지나갔다.

전작 『99』(2012)가 혹평받으며 커리어의 기로에서 있었던 에픽하이는 내가 입문한 해 가을에 발매된 정규 8집 『신발장』(2014)이 차트에서 줄 세우기를 하며 인기를 회복했다. "절망 과다 복용"(「부르즈 할리파」)의 시간을 견뎌 낸 뒤 자기 확신과 미래에 대한 희망을 강력히 외친 것이 『신발장』 앨범의 매력이다. 어떻게든 잘 살아 보겠다는 앨범 속 의지는 발매 당일 바로 현실이 되었고, 끝끝내 자기 삶을 원 궤도에 올려놓은 행보를 보며 나는 큰 용기를 얻었다. 이 앨범이 발매된 다음 달 나는 수록곡 「본 헤이터(Born Hater)」를 반복해 들으며 자신감을 채우고 고등학교 입시에 성공했다. 먼 곳에 있는 학교에 진학해 중학교 시절을 뒤로하고 새로 시작할 수 있게 되어서, 내 노력으로 행복한 삶을 만들어 갈 수 있다는 걸 입증한 듯해서 짜릿했다.

에픽하이는 동시대 청자에게 유의미한 아티스트가 되기 위해 치열하게 살았다. 이들은 그 뒤로도 꼭 내 삶이 바쁘게 돌아갈 때마다 앨범을 냈다. 9집 『위브 던 섬띵 원더풀(We've Done Something Wonderful)』(2017)

은 수능을 한 달 앞두고 발매되었고, 10집의 첫 CD인
『에픽하이 이즈 히어(Epik High is Here) 상』(2021) 발매
시점에 평론가 데뷔 제안을 받았다. 이쯤 되면 내가 에
픽하이에 너무 중독된 나머지 내 인생의 중요한 순간
을 전부 이들과 연결하는 버릇이 든 것 같은데, 단순 중
독자의 망상으로만 보기에는 군데군데 이들이 끼친 영
향이 막대했다.

그렇게 평론가가 된다

『열꽃』을 문화 충격이자 해방구로 여겼던 나는 처음으
로 앨범 감상문을 적어 블로그에 올렸다. 이 글을 매개
로 해서 다른 블로거와 댓글을 주고받으며 깊은 대화
를 나누기 시작했다. 대학에 들어가고 주변 환경이 통
째로 바뀌며 의지할 곳이 없어진 나에게 블로그는 현
실에 없는 행복이 존재하는 공간이었다. 그래서 대학
첫 해 나는 대학 생활보다 인터넷 생활을 열심히 했다.

　　인터넷에서 찾은 행복과 인간관계는 당시 내 일
상을 지탱하는 버팀목이었다. 공부와 수업에는 집중할
수 없었지만 음악 듣고 글 쓰는 순간에는 몰입할 수 있

없다. 그래서 강의실에서는 수업을 무시하고 휴대폰만 들여봤고, 밤마다 고민이 가득할 때면 분풀이하듯 무언가를 적어 블로그에 올리고 나서야 잠들 수 있었다. 현실에서는 하지 못하는 말을 원 없이 적은 글에 '좋아요'와 댓글이 달리는 게 짜릿했다. 물론 그 대가로 깨져 버린 생활 패턴과 낮은 학점, 좁은 시야가 남았지만, 그때는 그 무엇이라도 나를 살게 해 준다면 상관없었다. 꾸준히 글을 쓰고 음악을 들으며 내 취향과 욕망을 정확히 바라보려고 오랫동안 애쓴 뒤 3학년쯤 되어서야 일상생활을 안정적으로 관리할 수 있게 되었다.

내 욕망 중 하나는 내가 좋아하는 음악과 뮤지션을 타인이 아닌 나의 시각으로 서술하고 싶다는 것이다. 에픽하이를 좋아하면서 한 아티스트로부터 얻었다고는 믿을 수 없을 정도로 지식을 쌓고, 같은 아티스트를 아끼는 동시에 다양한 취향을 가진 사람들을 관찰하게 되어서였다. 에픽하이의 명성과 이들을 향한 기대치를 형성하는 데에는 국내외 힙합, 가요, 아이돌까지 총 세 가지 관점의 대중음악 평론 및 팬층이 관여한다. 커뮤니티와 블로그, 트위터 등지에서 활동하는 유저들이 광범위한 맥락을 제시하고, 평론은 정제된 언

김민주

어로 분석 틀을 제공하며 청자를 안내하는 식이다. 평론과 인터넷 커뮤니티의 잡담을 읽고 그 속에서 언급된 음악을 들으며, 나는 대중음악의 흐름 속에서 최애 아티스트가 어떻게 명성을 얻고 여러 기대치에 부응하며 커리어를 이어 왔는지 복합적으로 이해하게 되었다.

에픽하이가 힙합 신(scene)의 거물인 동시에 힙합 바깥의 논리로도 해석되는 아티스트라는 점 때문에 힙합 음악을 장르 평론과 조금 다른 논리로 다루고 싶다는 욕심도 생겼다. 한국 힙합을 다루는 힙합 평론 매체 《리드머》의 입장에 적극적으로 반기를 든 것도 그래서였다. 《리드머》에서 래퍼 김심야의 작업물을 한영 혼용, 즉 한국어와 영어를 섞어 쓴 가사 때문에 비판한 글이 힙합 커뮤니티 이용자들의 반감을 산 것을 보고, 나는 트위터에서 《리드머》의 논조에 비판적인 의견을 적다가 그 내용을 정리해 블로그에 올렸다.[2] 10년 전부터 이루어진 한영 혼용 비판은 일리네어 레코즈의 성공과 '쇼미더머니'의 흥행 등 여러 반례로 보아 신에 미친 영향력이 낮으며, 한국 힙합의 차별성은 언어 사용

[2] 「리드머가 보는 한국 힙합: 정확하지 않은 시선의 무효성」, 네이버 블로그 '가을하늘의 단비'(2020).

바깥에서도 찾아낼 수 있으리라는 의견이었다. 블로그에서부터 친분을 쌓은 트위터 친구 A가 내 트윗을 공유한 계기로 《리드머》 필진에게 충실한 피드백을 받았고, 다른 평론가들로부터 웹진 《아이돌로지》와 비평 프로젝트 《알 수 없는 평론가들》[3]에 섭외되며 나는 대중음악 평론가 활동을 시작하게 되었다.

최애를 둘러싼 여론 중 내가 동의하기 힘든 평 하나는 멜로디와 트랙(반주) 작곡, 팝과 힙합 장르를 모두 잘 만들며 랩 스킬에 트랙 해석력까지 뛰어난 만능 음악인 타블로가 주로 가사만 잘 쓰는 옛날 뮤지션으로 여겨지는 것이다. 에픽하이는 한국 매체에서 2000년대의 상징으로 출연하며 과거의 최고작으로 기억되지만, 한국 대중음악계 전반에 끼친 영향력 덕에 최근에는 영어권 외신이나 해외 케이팝 팬덤에게도 주목받으며 활동 영역을 치열하게 넓혀 가고 있다. 이러한 점을 알리고 싶어서 10집 발매를 앞두고 에픽하이의 해외

[3] 여러 비평가들이 여러 음악에 대한 다양한 글을 작성하는 음악 글쓰기 워크숍. 총 5회 모임을 통해 서로의 글을 함께 읽고 도움을 주고받으며 글을 완성한다. 나는 예미라는 이름으로 다음 글을 실었다. 「김도훈으로 보는 K-R&B의 시대」, 《알 수 없는 평론가들》 2호(2021).

김민주

투어 활동을 꼼꼼히 기록한 글을 블로그에 올렸고,[4] 《아이돌로지》 합류 후 첫 글로 에픽하이의 「로사리오 (Rosario)」 단평을 적었다.[5]

평론가의 사회생활

1990년대에는 홍대 인디 씬을 발로 뛰거나[6] SNP[7] 정기 모임에 나가고 임원을 역임하는 등 대중음악 역사의 현장을 함께한 사람들이 평론가가 되곤 했다. 그런데 지금은 나처럼 현장을 찾아다니는 일과 전혀 무관한 미디어중독자도 평론가가 될 수 있다. 음악 및 평론의 유통 중심지가 인터넷으로 바뀌면서 일정 수준 이상의 글을 쓰기가 쉬워진 덕이다.

---

[4] 「[아티스트] 에픽하이의 17년, 그리고 지금」, 네이버 블로그 '가을 하늘의 단비'(2021).

[5] [Monthly] 2021년 1월: 싱글, 《아이돌로지》(2021).

[6] 양소하, 「무너지는 아카이브: 지극히 개인적인 비평」, 《온음》 (2021) 참고.

[7] 1999년 PC통신 서비스 나우누리에 설립된 흑인음악 동호회. 매월 정기 모임에서 창작 공연을 열며 버벌진트, 데프콘, 피타입, 휘성 등 힙합과 R&B 뮤지션 다수를 배출하고 랩 방법론 연구에 큰 영향을 끼쳤다.

직업 자체가 몰입을 요구해서인지, 내가 교류해 본 대중음악 평론가 상당수는 사회 경험 있는 덕후에 가까웠다. 일반 리스너 시절 나는 평론가들이 음악에서 내가 절대 알아채지 못하는 측면을 포착해 언어로 표현할 줄 아니까 대단한 어른일 거라고 생각했는데 그 예상과는 정반대였다. SNS 계정에 영화, 드라마, 스포츠 이야기를 늘어놓고 디즈니플러스 한국 서비스가 오픈한 날 설왕설래를 벌이던 주변 평론가들을 보며 잡덕(잡다하게 여러 분야에 관심을 두는 덕후)이라는 말이 절로 떠올랐다. 선배 덕후와의 대화가 나에게 평론가 내공을 쌓아 주었다. 웹진과 프로젝트에 합류하며 일반 독자 시절에는 상상할 수 없었던 깊은 이야기를 동료 평론가들과 나누고, 동료의 시야를 참고하며 식견을 넓혔다. 웹진에 정기적으로 단평을 쓰며 그달 공개된 뮤직비디오를 필진들과 단체 감상하고, 같은 프로젝트에 참여한 동료들이 다루는 음악을 들으며 지식이 늘어났다. 정식 평론 활동을 시작하기 전 예술이나 비평에 대해 딱히 공부해 본 적이 없던 나에게 교류의 기회가 초기부터 주어진 건 큰 행운이었다.

그냥 네티즌이던 시절에는 논쟁에 가볍게 임할 수

있었지만, 평론 활동을 시작한 뒤로는 전처럼 공격적으로 행동하다가 자칫 잘못하면 동료가 곤란해질 수도 있다는 것을 경험을 통해 알게 되었다. 간신히 얻은 평론가로의 행복을 스스로 반납하지 않으려면 책임지지 못할 말은 자제해야 했다. SNS가 사회생활의 장이 되면서 표현의 자유가 줄어든 게 아쉽기도 하지만, 더 큰 행복을 얻었으니 감당할 만하다.

"고마운 덕질"

건강과 거리가 멀어 보이는 미디어중독 덕분에 상상 이상의 행복을 얻었다는 사실이 신기하다. 미디어중독자 덕후는 넓고 원만한 인간관계를 가지고 있는 인싸(인사이더(insider)의 약자로, 오프라인의 여러 조직에 속해 적극적으로 사회 생활을 해 나가는 사람)의 반대항에 있다. 오프라인에서 겪는 여러 불화와 폭력, 고통은 미디어중독을 이끄는 강한 동인이고, 나 역시 그렇게 중독자가 되었다. 이때 덕질은 불행에 빠진 이들이 그저 머무르기만 하는 곳일 뿐 오프라인 세계의 불행을 없애지는 못하는 것으로 상정된다. 그러나 중독자로 살아오며 상상 밖의 방식으로 행복해져 보니, 인생은 그렇게 함부로 속단할 수 있는 게 아닌 것 같다.

8년 전 나는 친구가 없어서 고민하던 중학생이었는데, 어느새 평론가 데뷔를 하고 대학 졸업을 앞두고 있다. 이제는 어떻게 평론을 즐겁게 할 수 있을지, 어떻게 직업을 갖고 사회인으로 잘 살아갈 수 있을지를 고민하고 있다. 물론 어떻게 스크린타임과 구독 서비스 이용을 줄이고 목, 손목 건강과 청력을 보호할 수 있을지도 고민하면서 정작 미디어 소비를 줄이지는 못하고 있지만, 미디어에 중독되면 미래가 어두워질 거라던 엄포에 비하면 꽤 괜찮은 삶을 살고 있다. 사회 일반은 물론 중독자 자신도 미디어중독은 행복과 먼 일이라고 생각하지만, 우리는 우리가 모르는 방식의 행복을 존재하지 않는 것으로 취급해 온 것 같다. 어떻게든 살아간다면 행복은 있다.

김민주

"단편,
참 마이즌"

기갑

김관욱　　　가정의학과전문의. 의료인류학으로 서울대에서 석사학위를, 영국 더럼대에서 박사학위를 받았으며 내일이대 금관인류학과 조교수로 근무 중이다. 여성 흡연, 신종 담배, 콜센터에서의 감정노동, 네팔이주노동과 관련한 현지 조사를 진행하고 있으며 현상학, 신유물론, 정동이론 등 몸에 대한 이론들에 대한 관심과 함께 최근 코로나19가 초래한 필수 노동자 문제에 관해 연구하고 있다. 논문으로 「'오염'된 공간과 몸 만들기」, 「미소 띤 ARS」, 「저항의 무게」, 「'여러 몸'의 진짜 주인 되기」, 「과일 바구니, 식혜, 붉은진드기 그리고 벽」, 「필수노동자인가 사이버타리아인가」, 「생명 '너머의' 행진」 등이 있다. 대표 저서로 『굿바이 니코틴홀릭』(2010), 『흡연자가 가장 궁금한 것들』(2015), 『아프지 않았으면 좋겠습니다』(2018), 『아프면 보이는 것들』(2021)(공저), 『사람입니다, 고객님』(2022) 등이 있다.

[주요어] #드러그푸드 #변연계자본주의 #세속적의례
[분류] 인류학 > 의료인류학

"누군가는 어떻게 의사가
환자가 흡연하는 것을
관망만 하고 있을 수 있냐고
반문할지 모른다.
하지만 나는 A의 금연 후
금단 증세를 치료해 줄 뿐
그가 살면서 얻은 상처까지
치유해 줄 수는 없었다."

60대 초반의 여성 환자 A가 있었다. A는 우울증 병력과 뇌졸중으로 약물을 복용하고 있었는데, 넘어지면서 오른쪽 발목이 골절되어 내가 근무하던 병원에 입원하게 되었다. A가 있던 병동 담당 간호사는 나에게 꼭 A를 만나 달라고 요청해 왔다. 그가 입원 중에도 흡연을 지속했기 때문이다. A는 발목 골절로 안정을 취해야 하고 뇌졸중으로 절대적 금연이 필요함에도 병원 외부에 마련된 흡연 구역에서 보호자 남편과 함께 흡연을 계속했다. 그렇게 만나게 된 A는 자초지종을 묻는 나에게 너무나 행복한 웃음을 보이며 말했다.

"담배, 참 맛있죠"

"담배, 참 맛있죠. 난 밥보다 담배가 맛있어. 아침에 일어나서 좀 움직이다가 찬물 한 잔 마시고 싱크대에서 커피 한 잔 타 가지고 앞 베란다 흔들의자에 가서 담배 한 대랑 커피를 마시면 그 맛이 환상적이야. 하하, 너무너무 맛있다."

A는 여러 악재들이 겹쳐 우울증을 앓게 되면서 많은 양의 정신과 약물을 복용해 왔다. 그러던 중 가벼운 뇌졸중까지 동반되면서 증세가 더욱 악화되었고, 가족들의 돌봄도 더욱 힘들어졌다. A가 과거 짧게나마 흡연했던 경험이 있는 것을 알고 있으며 그 자신도 흡연자인 남편은 마음이라도 가라앉히자는 생각에 담배를 권했다. A는 '커피랑 피우면 더 맛있다'는 남편의 권유에 따라 커피믹스와 담배를 함께 즐기기 시작했다. 그러면서 기존의 우울증 증세가 호전되고, 복용하는 약물도 대폭 줄이게 되었다. 그는 '남편이 의사들보다 낫다'며 의사 가운을 입은 나를 보며 웃었다. 의사로서 나는 절망감과 막막함을 느꼈다. 의학적으로 그 누구보다 금연이 필수였던 A에게 나는 '흡연의 해로움' 운운하며 금연을 권할 수 없었다. 당시 담배와 커피믹스보다 더 훌륭한 처방을 떠올릴 수가 없었다.

김관욱

일반적으로 중독은 강박적이고 조건화되어 있고 재발하기 쉬우며 유해한 행동 패턴을 의미한다. 이런 관점에서 A는 과연 흡연 '중독'이라 말할 수 있을까? 주기적으로 담배를 피우는 행위가 정말로 자신에게 유해하고 강박적인 것이었을까? 명확하게 답변하기 어렵다. 그렇다면 첨단 의학의 대가들은 A의 상황을 어떻게 설명할까?

2007년 7월 5일 미국의 유명 시사주간지 《타임》의 표지에 거대한 술잔 밑에 깔려 있는 한 남성의 이미지가 실렸다. 기사 제목은 '우리는 어떻게 중독되는가?', 부제는 '알코올, 마약, 도박…… 중독의 원인과 치료법을 제시하는 새로운 뇌과학 연구들'이었다. 미국 정신과 의사이자 미국 국립약물남용연구소의 소장인 노라 볼코는 확신에 찬 주장을 펼쳤다. 어떤 종류이든 "중독이란 치료할 수 있는 뇌질환"[1]이다! 그는 뇌의

[1] 노라 볼코의 중독에 대한 '뇌질환 모델'에 대해서는 다음의 책 참고. 데이비드 코트라이트, 이시은 옮김, 『중독의 시대: 나쁜 습관은 어떻게 거대한 사업이 되었는가?』(커넥팅, 2020), 277~286쪽. 볼코는 뇌

활성 상태를 확인하는 기능적 자기 공명 영상을 통해 코카인, 헤로인, 메타암페타민, 알코올에 중독된 환자들의 뇌에서 전전두엽 부위 기능이 심각하게 감소한 것을 보여 주었다.

볼코가 중독을 뇌질환이라고 강하게 말한 데에는 과학자로서의 확신도 있지만, 중독자들에 대한 낙인과 비난을 없애려는 의도가 있었다. 중독은 개인이 나약해서, 도덕적으로 타락해서가 아니라 이성적 판단을 하는 뇌 영역의 손상 때문에 발생한 것으로, 치료를 하면 얼마든지 정상으로 회복될 수 있다고 말이다. 그는 미국의 모든 중독자들에게 '중독은 당신의 잘못이 아닙니다!'라고 설파하며 치료를 독려했다. 중독자에 대한 낙인을 벗겨 내는 일종의 뇌과학 전도사였던 셈이다. 볼코는 술, 담배, 설탕, 커피 등 합법적 약물부터 불

세포 안에 존재하는 특정 호르몬 수용체(도파민 d2 수용체)를 강조한다. 이것은 '자기통제'와 연결된 부분으로 인류가 진화를 통해 발전시킨 훌륭한 '보상' 신호 담당자다. 인류가 생존을 위해 필수적이라고 생각하는 것, 즉 식량과 자녀 양육에 대한 보상 심리가 이 수용체를 통해 작동한다. 그런데 오늘날 이윤을 추구하는 기업들에 의해 생존을 위해 필수적이지 않은 물질들이 만들어진다. 정상적으로는 d2 수용체가 적절한 보상 체계 통제 기능을 통해 과다한 보상 행위를 방지하는데, 아주 강력한 중독 물질들이 자주 섭취될 때 d2 수용체 자체가 손상당한다는 것이다.

　　　　　　　　　　김관욱

법 마약까지 중독 물질들을 조장하는 사회를 향해 "브레이크 없는 차를 몰고 있는 것과 같다."[2]라고 지적한다. 즉 사회에 이미 만연한 중독 물질에 노출되어 중독된 경우, 뇌 안의 브레이크가 고장 나서 스스로 아무리 멈추고 싶어도 멈출 수 없다.

볼코의 말을 따른다면, A는 뇌의 특정 부위 수용체가 제대로 작동하지 않아서 담배와 커피믹스의 '자극'에 의존하고 있는 셈이다. 그것이 우울증 약보다 효과적으로 작동한다고 설명해야 할지 모른다. 그런데 과연 이것이 올바른 답변일까? 물질중독을 연구한 역사학자 데이비드 코트라이트는 볼코의 소위 뇌과학 만능주의적 접근법에 우려의 목소리를 내비쳤다. 중독은 의학으로 정복할 수 있는 문제가 아니다. 문제의 핵심은 자본주의이기 때문이다. 코트라이트는 중독을 유발하는 자본주의에 문제 제기 하며 정부가 술, 담배 같은 중독성 물질에 부과한 세금에 오랜 기간 의존해 온 역사가 또한 중독 사회의 원인이라 지적했다.[3] 여기에

[2] 데이비드 코트라이트, 앞의 책, 282쪽.
[3] Courtwright, David T. Forces of habit. Harvard University Press, 2001.

최근 그는 물질적 중독과 도박, 게임, 쇼핑 등에 대한 비물질적 중독이 모두 자본주의 산업이 초래한 문화적 진화의 산물이라고 보고, 새로운 쾌락을 끊임없이 제공해 중독에 빠지게 만드는 이 모든 "퇴보적인 비즈니스 체제"를 가리켜 "변연계 자본주의"[4]라 이름 붙였다.

성으로 향하는 하학도로

그런데 코트라이트와 볼코가 간과한 특징이 있다. 담배는 마음을 환기하고 정신을 맑게 해 주며, 달달한 커피믹스는 맛과 함께 칼로리까지 제공해 준다. 커피와 담배가 변연계를 자극하는 물질이기는 하지만 이렇게 유용하기도 하다. A가 치사량 수준으로 복용했던 우울증 약과 달리 기운이 없거나 졸리는 등 부작용을 가져오지도 않는다.

[4] 데이비드 코트라이트, 앞의 책, 14쪽. 변연계는 느낌이나 신속한 반응을 담당하는 뇌의 특정 부위를 가리키는 용어로 쾌락, 동기, 장기 기억, 그 외에 생존에 필수적인 정서적 기능을 가능하게 한다. 코트라이트는 자본주의가 이윤을 추구하기 위해 뇌에서 특정 부위(변연계)를 자극하는 상품과 행위를 생산해 왔다고 설명한다.

이 부분에 주목한 인류학자가 바로 시드니 민츠다. 그는 『설탕과 권력』에서 "드러그 푸드"[5]라는 개념을 제시했다. 민츠는 18세기 후반 산업 혁명 당시 서구 유럽에서 설탕, 카페인이 함유된 홍차와 커피가 노동자의 배고픔을 달래 주며, 적절한 영양 공급 없이 더 큰 노동력을 자극하는 '약물'과도 같은 식품으로 확산되었다고 지적했다. 드러그 푸드! 약과도 같은 음식이라니. 문득 A가 밥보다 담배가 맛있다고 했던 말이 떠오른다.

민츠는 설탕과 커피, 담배를 음식에 비유하며 이것들과 노동의 관계를 설명한다. 산업 혁명의 현장인 서구를 벗어나 식민지로 시야를 넓히면 중독물질의 역할이 더 뚜렷해진다. 1969년 전 세계 186개 문화 집단에 대한 민족학 자료를 바탕으로 드러그 푸드의 활용을 연구한 인류학자 윌리엄 잰코위악과 다니엘 브래드버드는 서구가 드러그 푸드를 "노동 강화제"[6]로 활용

[5]　시드니 민츠, 김문호 옮김, 『설탕과 권력』(지호, 1998).
[6]　Jankowiak, William, and Daniel Bradburd, "Using drug foods to capture and enhance labor performance: a cross-cultural perspective", *Current Anthropology* 37(4)(1996), pp. 717~720; Jankowiak, William, and Daniel

했다고 지적한다. 서구는 식민지 확장의 수단으로 원주민들에게 담배처럼 맑은 정신과 각성 상태를 보장하는 약물을 활용했다. 단조롭고 장시간 지속되는 고된 육체 노동의 어려움을 달래기 위한 수단이었던 것이다.

그런데 이것의 정말 교과서 속 과거의 일에 그칠까? 지금 주변을 들여다보면, 드러그 푸드는 마치 일상의 필수품처럼 사용되고 있다. A가 아침에 반복하는 커피와 흡연의 일상이 남의 일처럼 느껴지지 않는 독자들이 많을 것이다. 심리학자 와버튼 박사는 일찍이 1970년대 말 영국 사회를 관찰하며 드러그 푸드가 현

Bradburd, *Drugs, Labor, and Colonial Expansion*(USA: The University of Arizona Press, 2003). 이들은 유럽이 식민지 확장 과정에서 크게 세 단계로 드러그 푸드를 활용했다고 설명한다. 첫 번째, 초기 단계에 약물들은 원주민들의 관심을 끌어 유럽과의 교역에 참여하게 만들고 이를 지속시키는 데 사용됐다. 어느 정도 교역이 이뤄진 후 두 번째 단계에서는 원주민들의 노동량과 노동 강도를 증가시키기 위해 약물이 제공됐다. 마지막 단계에서, 약물의 종류가 술, 아편, 마리화나와 같은 기분 완화제에서 카페인, 니코틴과 같은 각성제로 전환됐다. 이들은 이러한 물질들이 식민지에서만 활용된 것이 아니라 산업혁명이 진행되었던 유럽에서도 동일하게 이용되었다는 점을 지적한다. 특히, 술은 초창기 산업혁명 당시 대규모 농장, 탄광, 상선, 군대, 공장 등에서 적극 활용되었다. 이후 산업자본주의가 발달하고 정교한 기술을 필요로 하는 영역이 확대되면서 술은 노동 강화제로서 매력을 상실했다. 고용주는 오히려 음주 행위를 통제하고 대신 대체 드러그 푸드들, 예를 들면 커피, 홍차, 코코아, 설탕 등을 공급하기 시작했다.

김관욱

대사회에서 "성공으로 향하는 화학도로"[7]가 되어 버렸다고 지적했다. 이 화학도로를 구성하는 상품에는 술, 담배, 커피, 차, 설탕 등 합법적 드러그 푸드뿐 아니라 항우울증 약, 카페인 약, 기면증 약, ADHD 약 등 의약품까지 포함되어 있다. 한국에서도 관련된 대표적 약물이 있지 않았던가. 소위 '잠깨는 약'으로 알려진 고카페인 약물 타이밍 말이다. 어찌 보면 볼코의 지적처럼 사람들이 중독에 빠져 브레이크 없는 차를 몰도록 이 사회가 조장한다면, 현대인은 생존하기 위해 스스로 브레이크를 빼 버리고 더 세게 가속 페달을 밟고 있는지 모른다. 이 사회는 멈추지 못해 죽는 것이 아니라 속도가 느려 죽임을 당하는 사회에 가깝지 않을까.

세속적 의례: 삶이 차려한 급단 쪼세 앞에서

커피, 담배, 술과 설탕이 필수품이 되어 버린 현실에

[7]   Warburton, D. M, "Poisoned People: internal pollution." *Journal of Biosocial Science* 10(3)(1978), pp. 309~319.

서 민츠와 와버튼의 설명은 중요한 성찰점을 제시한다. 그러면 다시 A 이야기로 돌아와 보자. 담배와 커피믹스를 즐기는 A가 이 말을 들었다면 어떻게 반응했을까? 쉽게 답할 수 없다. 하지만 확실한 것은 그에게 명의는 내가 아니라 주변 시선 신경 쓰지 말고 맘 편히 담배를 피우라고 조언했던 남편이라는 점이다.

사실 그에게 담배와 커피믹스는 화학물질 그 이상의 의미를 지녔다. 커피와 함께 담배를 피우는 시간은 아침의 시작을 알리고 하루 네다섯 번 그만의 여유를 즐기는 휴식 시간이었다. 일종의 "세속적 의례"[8]인 셈이다. 인류학자 마이클 잭슨은 스스로의 힘으로 어찌할 수 없는 사건을 마주친 개인이 사건 자체가 아니라 그 사건에 대한 경험의 의미를 변화시키고 통제하는 수단을 가리켜 세속적 의례라 불렀다. 종교적 의례가 성스러운 신을 모시는 과정이라면, 세속적 의례란 신이 아닌 자신을 소중히 모시는 것이라 할 수 있다. 나는 병원 흡연 구역에서 A가 남편과 함께 흡연으로 아

---

[8]　Jackson, Michael., *Existential Anthropology: Events, Exigencies and Effects*. Vol. 11(Methodology and History in Anthropology Berghahn Books, 2005).

침을 시작하는 것을 목격했다. 누군가에게는 흔한 흡연 장면일지 모르지만, 두 사람의 행동은 하나하나 조심스러워 보였다. 하루를 시작하는 그들만의 소중한 순간임을 멀리에서도 충분히 느낄 수 있었다. 내게는 숨소리조차 들킬까 조심스러웠던 그들만의 의례의 현장이었다.

누군가는 어떻게 의사가 환자가 흡연하는 것을 관망만 하고 있을 수 있냐고 반문할지 모른다. 옳은 지적이다. 하지만 나는 A의 금연 후 금단 증세를 치료해 줄 뿐 그가 살면서 얻은 상처까지 치유해 줄 수는 없었다. 나는 회진을 돌면서 A와 자주 만나며 친분을 쌓게 되었고, 그가 우울증에 빠지게 된 사연을 들을 수 있었다. 친한 동료로부터 당한 금융 사기가 계기였다. 믿었던 이에게 배신당한 이후 남은 것은 빚과 정신적 괴로움이었다. 성실함과 신뢰로 쌓아 온 것이 물욕에 빠진 주변인들로 인해 한순간에 무너진 것이다. 이 사건은 A에게 큰 결핍을 초래했다. 세상 누구도 그 결핍을 채워 주지 못했고, 그에게는 막막함, 억울함, 분노, 불면 그리고 우울함만 남았다. 나는 이것을 "삶이 초래한 금단 증세"[9]라 불러 왔다. 의학에서는 뇌에 지속적으로 공급되던 물질이 결핍되면 피로, 초조, 불면, 정신 집중 장애 등이 발생한다고 말한다. 하지만 나에게는 담배와 같은 물질들이 초래한 금단 증세보다 삶 속에서 얻게 된 증세들이 더욱 큰 아픔으로 느껴졌다. 그 앞에서 나의 의학 지식은 무력하게만 느껴졌다. 오히려 A의 담배처럼 의학적 금단 증세를 유발한다고 지목받던 물질들이 삶이 초래한 결핍을 채워 주는 일상의 의례적 도구가 되어 주고 있었다.

남편이 건넨 선한 것

사회역학자 리처드 윌킨슨과 케이트 피킷은 자본주의 사회 속 사회경제적 불평등이 구성원들에게 과대망상이든 자기비하든 불안감을 확산시킨 결과 각종 중독을 낳는다고 지적한다. 그런 점에서 이들은 중독을 "가짜 해결책"[10]이라 불렀다. 동의하는 바이지만, 일순

[9] '삶도 금단증세를 유발한다', 김관욱, 『아프지 않았으면 좋겠습니다: 무감각한 사회의 공감 인류학』(인물과사상사, 2018), 189~208쪽.
[10] 리처드 윌킨슨, 케이트 피킷, 이은경 옮김, 『불평등 트라우마: 소득 격차와 사회적 지위의 심리적 영향력과 그 이유』(생각이음, 2019), 160~187쪽.

간 불평등한 사회를 해결할 수 없는 상황에서 우리에게 남은 선택지는 무엇일까. 영국의 작가 요한 하리는 "중독의 반대는 깨어 있는 맑은 정신 상태가 아니라 연결"[11]이라고 말했다. 나에게 하리의 주장이 설득력 있게 들리는 이유는 A 때문이다. A에게 담배와 커피는 일종의 매개체에 불과했다. 이를 통해 정말로 극복해낸 것은 우울증 자체가 아니라 가족과의 화목했던 일상이었다. 그가 진정 여유롭게 자신만의 의례의 시공간을 누릴 수 있었던 이유가 바로 여기에 있다. 명의인 남편만 곁에 있다면 담배나 커피는 얼마든지 다른 것으로 대체될 수 있을지도 모른다. 나는 아직도 세간의 손가락질을 무릅쓰고 그녀에게 담배를 권했다고 말하던 A의 남편을 또렷하게 기억한다. 마치 전통적 의례의 과정에서 참가자가 그러하듯, 소중한 아내를 위해 그가 생각할 수 있는 최고의 "선한 것"[12]을 조심스레 제공한 것이다.

[11] Johann Hari, "Everything you think you know about addiction is wrong."(2015. 7. 9. TED 영상)
[12] 빅터 터너, 박근원 옮김, 『의례의 과정』(한국심리치료연구소, 2005), 81쪽.

삶이 초래한 금단 증세를 해결하기 위해 필요한 것은 드러그 푸드도, 뇌질환에 대한 과학 지식도, 절망에 빠지게 만들었던 각박한 사회에 대한 한탄도 아닐지 모른다. A의 남편처럼 그게 무엇이 되었든 자신이 줄 수 있는 가장 선한 것을 전해 줄 수 있는 누군가가 필요하지 않을까. 만일 지금 홀로 어떠한 물질과 비물질에 강박적으로 빠져 있다면, 그것이 스스로를 소중하게 대하는 의례적 행위인지 혹은 심신을 더욱 아프게 만드는 중독인지를 살펴봤으면 한다. 나아가 아무리 소중한 세속적 의례라 할지라도, 그것이 자신을 주위로부터 고립시킨다면 오히려 단절된 삶의 경고등이 아닌지 되돌아보아야 할 것이다.

김관욱

섹스 축제짜들의

약

허성여

허성원   서울대 여성학협동과정 박사과정에 재학 중이며, 성 소수자 대학원생/신진연구자 네트워크에서 활동하고 있다. 몇 편의 젠더 및 퀴어 이론 텍스트 번역에 참여했고, 퀴어 이론과 후기 식민 연구에 관심을 두고 한국 사회의 퀴어 수행성을 연구하고 있다. 「퀴어 정동 정치를 향하여: 독해 실천으로서의 퀴어 정동 이론」 등의 논문을 발표했다.

[주요어] #성중독 #SNS중독 #회복

[분류] 여성학 > 성 소수자 연구

"중독 없는 세계가 있을까?
나를 유지하는 일을 계속하기 위해
우리는 종종 반복의 안락함에 기댄다.
이 세상에서 자기 자신을 유지하는 한
삶은 하나의 중독에서 다른 중독으로
계속 이행해 가는 과정이고,
중독이란 그저 삶의 또 다른 양상을 나타내는
이름일 뿐이다."

중독이 무엇인지 알기 위해 굳이 사전을 뒤적거릴 필요는 없다. 우리는 이 단어가 나의 의사와 무관하게 어떤 행동이나 생각을 반복하는 일을 멈출 수 없는 현상을 가리킨다는 것을 이미 알고 있다. 중독에 머무는 것이 건강이나 안녕과 같이 누구나 도달하고 싶어 하는 상태에 가닿는 것을 끊임없이, 끈질기게 방해할지라도 중독자는 중독에서 탈출하기를 어려워한다.

약물중독, 알코올중독, 도박중독, 게임중독, 쇼핑중독 등 사람들은 서로 다른 중독 상황을 떠올릴 수 있다. 중독 상황이라는 말을 들으면 나는 충동의 꿈적임과 반복의 안온함 따위를 떠올린다. 그리고 이런 이미지의 중심에는 섹스중독이 자리 잡고 있다. 여러 가지 형태의 섹스중독 중에서도 21세기 한국 사회의 성 소수자, 그중에서도 남성 동성애자 사이에서 발전된 성적 하위문화를 관찰하면서 나는 중독이 무엇인지 조금 더 잘 알게 되었다고 느낀다.

소셜 미디어를 배회하는 섹스 중계자들

소셜 미디어에는 '섹스 중계' 행위자, 즉 자신의 성행위를 사진이나 영상으로 찍어서 자신의 계정에 올리는 이들이 존재한다. 그들은 협박이나 대가를 받지 않고 자신의 성적 이미지를 올린다. 아마추어 포르노 제작자와 소비자를 위한 별도의 플랫폼이 있지만 좀 더 접근하기 쉬운 트위터나 인스타그램 같은 소셜 미디어 플랫폼을 무대로 삼기도 한다. 특히 섹스 중계 중독은 트위터에서 가장 쉽게 찾아볼 수 있는데, 여러 플랫폼 중에서도 트위터가 불특정 다수에게 자기 자신을 보여 주기에 손쉬운 기술적 환경을 제공하기 때문이다. 심지어 성적 교류가 거리낌 없이 일어난다는 남성 동성애자 하위문화의 맥락은 안전장치를 제공하는 것처럼 보인다. 안전장치는 대다수에게 생소한 이 문화를 처음으로 탐사하게 된 이들만이 아니라, 그 문화 속에서 오랫동안 살아온 중계 행위자들에게도 제공된다. 성적 환상과 그것을 실현하기 위한 몸짓 사이의 거리가 더 좁아진다. 현실의 온갖 관계를 벗어던질 수 있다는 환상이 더 완고해진다. 섹스, 쾌락, 인정에만 몰두할 수 있는 환경에 대한 상상이 더 촘촘하게 그려진다.

이들은 왜 이런 행위에 중독되었을까? 내가 알고 있는 섹스 중계 행위자들의 공통점은 두 가지뿐이다. 그들은 게이 하위문화라는 맥락 속에서 중계 행위를 반복하며, 중계하는 내용물이 자신의 섹스라는 것이다. 통념상으로도, 통계적으로도 남성 동성애자들은 대조군에 비해 섹스를 유의하게 많이 하는 것으로 나타난다. 왜 남성 동성애자는 더 다양한 상대와 더 자주 섹스하는 것일까? 현대 사회에서 섹스는 즐거운 행위, 육체적 쾌락이나 심리적 안정을 주는 행위로 여겨진다. 섹스가 만족스러워서 섹스에 빠져들고 자신의 만족스러움을 전시하고 싶었던 것일까?

몇 해 전《허프포스트》한국판에 마이클 홉스의 탐사 기사「함께 있어도 외롭다: 게이들의 새 전염병, 외로움」이 번역되어 실렸다.[1] 한국의 게이 남성들 사이에서도 공감된다는 반응을 두루 이끌어 낸 이 기사는 미국에서 동성결혼이 합법화된 이후에도 동성애자 남성들이 자살, 우울증, 마약 및 알코올 남용, 무엇보다 그 모든 게 결합된 위험한 섹스를 멈추지 못하고 여전히 고통받고 있다고 보도한다. 이 기사는 특수한 형태의 욕망이 게이 커뮤니티를 조직하는 원리로 기능한다는 점에서 고통의 원인을 찾는다. 이들은 욕망되기를 욕망한다. 그러나 인터뷰와 연구를 통해 홉스가 추적하는 이들의 욕망의 순환은 아이러니한 결과를 낳는다. 게이 남성들이 대조군인 이성애자 남성들보다 훨씬 더 외로워하지만 정작 게이 커뮤니티에는 그 외로움을 다독이기는커녕 외로움을 증폭시키는 의사소통 방식이 만연하다. "많은 남성들은 자신이 원하는 것(완벽한 몸을 갖는 것, 동료들보다 더 많은 일을 하고 더 잘하는 것, 주중에 이상적인 그라인더(데이팅 앱) 상대를 만나는 것)이 거부에 대한 자신의 두려움을 강화한다는 걸 몇 년 동안이나 모르고 지냈다." 사람들은 다른 사람들과의 관계 속에서 자신의 욕망이 자기 자신을 배신할 수 있다는

[1] 마이클 홉스, 「함께 있어도 외롭다: 게이들의 새 전염병, 외로움」, 《허프포스트》 2017년 3월 17일 자.

　　　　　　　허성원

사실을 때때로 너무 쉽게 무시한다.

많은 사람들이 사실 섹스를 좋아하지 않는다는 것은 섹스에 관한 의외의 진실인 셈이다.[2] 만족스럽지도 않은 섹스를 중계하는 이유는 무엇일까? 중계라는 행위가 밋밋한 섹스 경험에 활력을 불어넣는 것일까? 성적인 맥락과 보수가 없다는 사실을 떼 놓으면 섹스 중계 중독자들은 심지어 성실한 플랫폼 노동자처럼 보인다. 자신을 촬영하기 위해 도구를 구매하거나 인력을 섭외하고 적절한 방식으로 촬영을 하고 여러 가지 요소를 고려해 편집된 이미지를 올리고, 이런 이미지가 빠른 속도로 널리 퍼질 수 있도록 구독자를 관리한다. 누구인지 모르는 사람들에게 자신의 성적 이미지를 보여 주고, 누군가 자기 이미지에 마음 버튼을 눌러 관심을 표하거나 리트윗 버튼을 눌러 자기 이미지를 그들의 타임라인으로 가져가는 것을 보는 일련의 행위

[2] 이 '비밀'은 1987년 《악토버(October)》에 처음 발표되었던 리오 버사니의 에세이 「직장은 무덤인가?」의 첫 문장에서 인용한 것이다. 원문은 다음과 같다. "섹스에 관한 거대한 비밀이 하나 있다. 대부분의 사람이 섹스를 좋아하지 않는다는 것이다." Leo Bersani, *Is the Rectum a Grave? and Other Essays*(University of Chicago Press, 2010), p. 3.

는 어떤 면에서 중독적인 것일까? 물질적 대가가 돌아오지 않는데도 어떻게 그렇게 성실할 수 있을까? 트위터에서 이런 성적 하위문화의 장을 꾸준히 관찰하고 섹스 중계 계정을 운영하는 이들을 만나 대화를 나눠 본 결과를 종합하자면, 섹스 중계 행위의 마디마디마다 그런 계정을 운영하지 않는 사람이 도저히 상상할 수 없는 고밀도의 쾌락이 감지 가능한 형태로 존재하지는 않았다. 오히려 '자기도 모르게 어느새' 해 버렸다는 답변이 돌아왔다. 섹스 중계 중독자들은 시야가 명멸하는 밀도 높은 흥분에 휩싸여 행위를 반복하는 것이 아니다. 오히려 중독된 행위를 할 때 기분이 차분하게 가라앉고, 카메라의 프레임 안에서 자신이 움직이는 모습을 예측할 수도 있다.

자신의 섹스를 무심하면서도 열정적으로 중계하는 이들. 그들은 자신이 욕망의 대상이 되면 그 모든 귀찮은 행위의 보상을 얻을 수 있다고 생각하는 것처럼 보였다. 하지만 욕망의 대상이 되고 싶다는 욕망이 어떻게 충족될 수 있는지는 근본적으로 불투명하다. 자신이 욕망하는 대상에게 자신의 빼어남을 인정받으면 될까? 그러나 섹스 중계 행위는 대개 익명화되어 있으

허성원

며 특정 대상에게 인정을 받기도, 그런 인정이 있었음을 알기도 어렵다. 섹스 상대를 더 쉽게 만나고 싶은 걸까? 섹스 상대를 만나는 것만이 목적이라면 이보다 쉬운 방법은 얼마든지 있다. 더 많은 사람이 반응하면 되는 걸까? 섹스 중계 행위는 음지화된 문화이므로 그 확장 가능성의 한계가 뚜렷하다. 그저 보이는 것만으로 충분한가? 그렇다기에 섹스 중계자들은 중계되는 콘텐츠가 자기 자신의 성적인 이미지라는 점에 나름의 애착을 보였다.

내가 접할 수 있었던 중계자 가운데 자신의 행위를 굳이 설명하려는 사람은 없었다. 설명해 달라고 요청하면 '나도 모르겠다'라고 답하거나 내가 세운 몇 가지 가설 중 하나를 택했다. 나는 그들이 자기 자신에게도 거짓말을 하는 것이 아닌지 의심스러워졌다. 나는 그들에게 자신의 활동으로 인해 즐거움이나 만족을 느끼고 있는지 질문했다. 앞서 언급했던 것처럼 별생각 없이 관성적으로 하고 있다는 말이 돌아왔다. 흥미로운 대답 중 하나는 '그렇게 하지 않으면 안 될 것 같아서' 계속 섹스 중계 행위에 참여한다는 말이었다. 이 답변 하나에서만큼은, 행복해지기 위해서가 아니라 불행해지지 않기 위해 온갖 노력이 투여된다는 측면이 분명히 드러난다. 그들이 쏟는 시간, 돈, 감정 따위는 무엇을 되돌려 주는지, 어떻게 작동하는지 누구도 알 수 없는 욕망의 순환로에 바쳐진다.

섹스 중계자들의 디지털 우화

'그렇게 하지 않으면 안 될 것 같아서'라는 말을 다시 들여다보자면, 이런 말과 행동을 의식적 선택이라고 부르기는 어려워 보인다. 이들은 오히려 끈질기고 끈적이는 충동에 자기 자신을 내주었고, 성적 환상의 장면으로 자기를 돌려보내는 강력한 심리적 관성을 거스르지 않을 때 얻을 수 있는 안온함을 탐닉했다. 프로이트는 털실 뭉치를 던지고 끌어당기고 다시 던지기를 반복하는 어린아이의 놀이를 분석한다. 그에 따르면 이런 놀이는 양육자가 떠나서 불안해진 아이가 양육자가 돌아올 것이라고 스스로 되새기기 위한 반복 강박으로 볼 수 있다.[3] 이 분석 이후 특정 행동의 반복이

[3] 프로이트, 박찬부 옮김, 「쾌락 원칙을 넘어서」, 『정신분석학의 근본 개념』(열린책들, 2020).

불안한 일상을 관리하는 기술과 연관되어 있다는 생각은 정신분석의 영역에서는 상식이 되었다.

섹스 중계 행위자들은 외로움 때문에 외로움을 가라앉힐 수 없는 중계 행위를 반복하는 걸까? 나의 소중한 사람이 언제든 나를 떠날 수 있다는 어린아이의 불안은 내가 나 자신을 기르는 과정에서 실망하지 않기 위해 나에게 소중한 사람을 두지 않으려는 고집으로 전위되어 버린 걸까? 섹스는 사실 외로움을 증폭한다는 사실, 안 할 수 없어서 섹스를 반복적으로 중계한다는 고백, 반복은 불안을 관리하는 기술이라는 분석까지, 앞서 소개한 세 가지 설명을 짜 맞춰 하나의 이야기를 이 질문에 대한 답으로 내놓을 수 있을 것 같다.

소중한 사람과 맺는 관계는 영원히 완수할 수 없는 이상이기에 불가능한 꿈으로 치워 둔다. 나는 가장 값싸고 즉물적인 쾌락을 얻을 수 있다고 가정된 행위, 곧 섹스로 관계라는 거창한 대상을 대신하기로 한다. 거창한 꿈은 포기했기에 나의 꿈은 언제나 이미 소박할 뿐이다. 내가 하는 일은 나에게 너무 하찮게 보이기 때문에 내가 아닌 다른 사람에게 인정을 바라고 이를 알리고자 한다. 이제 너무 긴 시간이 흘렀고 나는 거창한 꿈을 어린 시절의 유치한 꿈일 뿐이라고 자위한다. 유치한 것은 부끄럽다. 부끄러운 것은 어딘가에 숨겨 두어야 한다. 숨어 있던 어린 날의 꿈은 나의 바닥을 드러낼, 대면하고 싶지 않은 두려운 진실로 탈바꿈한다. 그리고 그것은 걷잡을 수 없는 방식으로 흘러넘쳐 내가 지키려던 삶을 망친다. 나는 소박한 꿈마저 이루지 못한 채 욕망의 잔해 위에 무표정하게 서 있다.

이 이야기는 물론 우화에 불과하다. 바람과 욕망, 꿈과 이상, 수치심과 두려움, 상상과 현실 사이를 오가는 부단하고 지난한 교섭을 통해 원래의 모습을 도저히 알 수 없게 되어 버린 우화. 혼란으로 끝맺는 우화.

중독에서 중독으로

중독 없는 세계가 있을까? 나를 유지하는 일을 계속하기 위해 우리는 종종 반복의 안락함에 기댄다. 그렇다면 섹스 중계 중독자의 우화를 언뜻 보기에는 중독적이지 않은 우리의 일상 위에 겹쳐 볼 수도 있을 것이다. 이 세상에서 자기 자신을 유지하는 한 삶은 하나의 중독에서 다른 중독으로 계속 이행해 가는 과정이고, 중독이란 그저 삶의 또 다른 양상을 나타내는 이름일 뿐이다. 중독의 이러한 개념적 확장이 중독과 일상을 무분별하게 뒤섞어 버린다고 우려하는 이들도 있을 것이다. 중독자의 우화를 일상의 서사로 취급하면 중독의 바깥이 있다고 말하기 어렵다.

하지만 중독의 우화와 일상을 유지하는 서사 사이의 공통점을 강조하는 것은 삶을 다른 방향에서 생각해 볼 만한 기회를 제공한다. 이 기회의 가치를 폄하해서는 안 된다. 무엇보다도 중독에 대한 우화는 하나의 중독에 묶인 삶뿐만 아니라 중독들 사이의 전환을 설명할 수 있는 양식이기도 하다. 중독이 없는 세계를 그릴 수 없을지라도, 지금 여기의 중독 너머를 상상할 수는 있다.

무엇이 지금까지와는 다른 삶으로의 이행을 가능하게 할까? 자신의 섹스를 중계하는 행위를 반복하던 한 피면접자는 어느 날 그 일을 그만두었다. 극적인 계기가 있던 것은 아니었다. 자기 자신을 활용했다고 하더라도 그는 법적으로 허용되지 않는 수준의 노출과 행위가 담긴 시청각 이미지를 공유했고 그런 일은 트위터의 운영 원칙을 어기는 것이었기에 계정 정지 조치는 충분히 일어날 수 있는 일이었다. 그는 처음부터 다시 시작하기가 그저 귀찮아서 그만두기로 했다고 말했다. 그리고 자신의 반복 행위에 이제는 큰 기쁨을 느끼지 못하지만, 한때 즐거움을 주었던 일을 더는 즐겁지 않은 일이라고 인정하기 싫었고 자기 자신에게 소중한 것을 지키려는 의무감에 예전부터 했던 행동을 반복했다는 소회를 밝혔다. 그의 고백에는 한때 자신이 중독되었던 행위에서 빠져나오게 된 계기가 계정 정지라는 우연한 사태에 대한 대응이나 과거 행동에 대한 갑작스러운 반성과 깨달음 따위로 축약될 수 없음이 드러나 있다.

반복이 주는 안온함은 그 지루함과 분리될 수 없고, 충동에 모든 것을 맡겼다는 해방감은 충동에 얽매인다는 구속감과 항상 맞붙어 있다. 이 이면적 감각들이 우리가 자기 자신을 비판적으로 사유하기 이전에 이미 자기비판에 임할 수 있는 '나'를 구성한다. 이런 면에서 자기 자신의 일부였던 중독을 밀어낼 수 있게 하는 계기는 그런 새로운 감각을 솔직하게 대면하고 인정할 수 있는 용기, 혹은 이때까지와는 다른 삶이 펼쳐질 수 있다는 희망 따위와 연루되어 있다.

　　　　　　　　허성원

지금 여기의 중독 너머의 삶에 대한 희망은 때때로 절박한 형태로 구체화된다. 내가 만난 피면접자에게 이전의 행동을 벗어나게 된 구체적인 계기 중 하나는 만성질환에 걸렸다는 사실이었다. 하지만 변화의 계기가 그것 하나만은 아니었다. 그의 만성질환은 자기 자신을 돌보는 일을 경험하게 했고, 불특정 다수가 아니라 특정한 사람들에 대한 의존성을 강화했다. 그는 이제 자기를 돌보는 일에 몰두하고 그 과정에서 자기를 돌봐 줄 수 있는 사람들에게 자원을 집중시키기 시작한 참이다.

나는 중독 상황의 변화가 반드시 우리 삶을 나아지게 한다고 생각하지 않는다. 실제로 이 사람은 자유로워졌다고 하기보다는 거부할 수 없는 충동에 또다시 사로잡힌 것 같다는 심정을 고백했다. 그는 의사나 상담사의 인정과 특정한 타인의 배타적 애정에 집착하게 되었다. 나는 이번에야말로 인정과 애정을 얻으면 앞으로 중독이나 집착에서 해방될 것이라는 거짓말은 할 수 없었다. 그 대신, 그래도 변할 수 있다는 사실을 잊지 말고 기억하는 게 중요한 것 같다는 말을 건넸다. 어느새 내 앞에 도달한 계기들, 우연히 앞에 놓인 것처

럼 보이지만 사실은 나의 과거와 연관된 조건을 조합
해 아직은 없던 형태로 짜 맞출 힘을 기르는 일은 내가
그런 방식을 통과해 온 직조물임을 잊지 않는 데서 시
작할 수 있기 때문이다. 그러므로 새로움을 감각하는
힘의 차원에서 우리의 삶을 다시 보는 것은, 삶을 중독
의 연속일 뿐 아니라 이행의 연속으로도 볼 수 있게 만
든다.

젖돋짜의
용우

궈에 이끼
ㅌ   ㅆ

이미궈
ㅁ ㄴ ◎

임민경   임상심리전문가. 독문학과 심리학을 공부하고, 대학원에서
임상 및 상담심리를 공부한 뒤 대학병원 정신건강의학과에서 임상심리
레지던트 과정을 마쳤으며, 현재 심리학 박사학위 과정 중이다. 범죄피
해트라우마 통합 지원 기관에서 내담자들을 만났다. 언제나 누군가의
애독자이자 무언가의 애호가다.

[주요어] #알코올중독 #예술가 #중독자주변인
[분류] 심리학 > 임상심리학

"우리는 소중한 사람이
중독과 싸우고 있을 때,
그 사람의 모든 문제를
대신 해결해 주지 않으면서도
아군으로서 함께
문제를 해결할 수 있는
중간 지대를 찾을 수 있다."

수전 손택의 전기 작가이자 『어느 애주가의 고백』저자인 다니엘 슈라이버는 자신의 음주와 금주의 이력을 고백하며 이렇게 말한다. "역사 속에는 멋진 음주의 롤모델이 가득하다. 내 경우에는 술 마시는 중독된 작가라는 판타지가 믿을 수 없을 만큼 확실히 새겨져 있었다."[1] 사실 중독자-작가가 작품과 전기 속에서 낭만적으로 표현된 것, 그리고 중독에 기저한 그들의 감정적 고통과 그들 작품에서 엿보이는 천재성에 마치 연관이 있는 것처럼 묘사되는 데에는 일종의 전통이 있다. 그 전통이 어찌나 강력했던지, 이제는 그 전통으로

[1]　다니엘 슈라이버, 이덕임 옮김, 『어느 애주가의 고백』(스노우폭스북스, 2018), 190쪽.

부터 영향을 받아 술꾼이 된 후배 작가들이 중독에 대해 가졌던 환상을 고백하는 것마저 흔한 현상처럼 느껴진다. 예를 들어 『리커버링』의 작가 레슬리 제이미슨은 "술의 매력은 (……) 창조력과 중독 자체의 매혹적인 관계에 있었다."라고 말하며, 술에 취해 기능장애를 보이는 모습에서 매력을 발견했다고 털어놓았다.

중독된 예술가라는 환상

그런데 내가 좀 더 관심이 있는 것은 예술가와 술이라는 중독 물질과의 관계보다는, 중독자와 그 곁의 중요한 타인들이 맺은 관계다. 특히 알코올 중독자의 보호자 이야기에 관심이 있다.

알코올은 판단 능력을 비롯한 지각적, 인지적 능력에 즉각적 영향을 미친다. 예를 들어 담배나 카페인과 달리, 알코올을 다량 섭취할 경우에는 사람들이 흔히 '취했다'고 말하는 취약한 상태가 된다. 이런 상태에서 사람들은 평소와 다른 감각적 경험을 하게 되며, 평소라면 하지 않을 말과 행동을 하기도 한다. 중독자가 이처럼 판단력이 흐려진 상태일 때 주변인들은 중독자가 취중에 한 말과 행동을 어떻게 받아들여야 할지 고민하게 된다.

중독자가 예술가라면 이 의사결정이 한층 복잡해진다. 흔히 사람들은 예술가의 알코올 중독 문제에 더 관대하며("그 사람은 예술가잖아, 그럴 수도 있지!") 어떤 사람은 중독을 비롯한 심리적 문제들이 창작에 필수적이라고 생각한다. 하지만 중독자의 보호자는 작품이 아닌 인간으로서 중독자—예술가를 만나고 함께 사는 사람이다. 그래서 그들도 다른 평범한 이들처럼 중독자와 관계를 어떻게 설정할지, 이 관계를 이어 가는 것이 맞을지를 두고 저마다의 방식으로 고민했다. 이들 중 일부는 알코올중독 및 다른 이유들로 인해 관계를 끝냈으며, 일부는 중독자와 함께 중독에 빠져들기도 했다. 그리고 어떤 이들은 자신의 파트너가 중독에서 헤어나도록, 혹은 그 상태로도 최대한 예술적 작업을 계속할 수 있도록 돕고자 했다.

보호자가 헌신하면 해결될까?

자신의 예술가 파트너가 술독에서 빠져나와 안정적

위 작품 생활을 할 수 있도록 물심양면 도운 사람으로 미국의 작가 테네시 윌리엄스의 연인 프랭크 멀로가 있다. 그는 테네시 윌리엄스의 비서, 운전기사, 상담자, 경호원, 심지어 가사도우미 역할까지 맡아 주었다. 그는 사실상 윌리엄스의 집필 외 모든 분야를 책임지는 배우자였다. 멀로와 함께 사는 동안 윌리엄스는 다른 귀찮은 일들에 휘말리지 않고 오로지 집필에만 전념할 수 있었으며, 정서적으로 안정될 수 있었다. 한국어로 집필된 유일한 테네시 윌리엄스의 전기를 쓴 박용목 교수는 테네시 윌리엄스 동성애 관계에 대해 매우 보수적으로 기술했지만, 그런 그조차 멀로가 윌리엄스에게 보였던 헌신이 윌리엄스의 작품 세계에 기여한 바를 아주 높게 평가하고 있다. "프랭크가 테네시의 생활에 가져다준 안정감이 아니었다면 테네시는 작품 활동이나 인생에서 일관성을 유지할 수 없었을 것이며 오늘날의 테네시 윌리엄스는 존재하지 못했을 것이라고 추론하는 것도 무리는 아니다."[2]

윌리엄스와 멀로의 관계는 아주 이상적으로 보인

[2] 박용목, 『테네시 윌리엄스 평전』(현대미학사, 2013), 204쪽.

다. 중독자에게 헌신하여 중독자를 안정적으로 만든 이야기들은 미담으로 기록되며, 각종 기사와 전기를 통해 전해 내려온다. 이런 이야기를 접한 사람들은 자신이 충분히 헌신적인 가족, 충분히 좋은 반려라면 상대방이 중독에서 헤어 나올 수 있을 거라고 믿기도 한다. 사실 반려의 헌신과 사랑으로 새사람이 되었다는 류의 로맨스는 꼭 예술가의 세계가 아니어도, 윌리엄스와 멀로가 관계를 유지했던 1950년대가 아닌 지금도 흔히 유통된다.

하지만 모든 관계가 그렇게 이상적으로 굴러가지만은 않는다. 심지어 윌리엄스와 멀로도 결국 결별했으며, 멀로가 폐암으로 사망한 뒤 테네시 윌리엄스의 중독은 악화일로를 걸었다. 무엇이 중독자를 위해 최선인지에 대해 고민하는 것은 때로 '내가 제대로 못하고 있다'는 인식으로 이어져 과도한 죄책감을 낳기도 하며, 이런 죄책감은 비단 중독자와 가장 가까운 파트너뿐 아니라 온 가족의 마음을 지배하게 되기까지 한다.

폭음증이라는 비난과 죄책감의 수레바퀴

알코올중독이었던 화가 잭슨 폴록과 결혼했던, 그 역시 화가인 리 크래스너. 그녀는 결혼 전 폴록보다 더 이름이 알려졌으나 결혼 후 자신의 작업을 거의 중단하다시피 한다. 그들은 함께 시골로 이사해 작업실을 마련했고, 폴록은 알코올중독 치료를 받았다. 크래스너는 한동안 폴록을 돌보는 일에 전념했다. 폴록이 후원자를 만날 수 있도록 주선하고, 그의 작업을 알렸다. 이러한 노력 덕에 폴록은 전성기를 맞게 된다. 그러나 결혼 초반 어느 정도 조절되는 듯했던 폴록의 술 문제는 어느새 심해졌고, 크래스너는 스트레스로 인해 염증성 질환과 소화기 문제 들을 앓기 시작했다. 크래스너의 전기 작가인 레빈의 말에 따르면, 동등함을 유지하려고 했던 둘의 관계는 폴록의 중독이 점점 심해지면서 양상이 달라졌다.[3] 크래스너의 삶은 알코올로 인해 망가져 가는 폴록의 삶을 어떻게든 무너지지 않게 붙

[3]   Gail Levin, *Lee Krasner: A Biography* (William Morrow, 2011).

들어 두는 데 집중되었다.

중독자의 가족들이 중독으로부터 매우 강한 영향을 받으며, 중독자의 행동에 대해 죄책감, 분노, 우울감 등을 보이기 쉽다는 것은 꽤 잘 알려져 있다. 어떤 중독자의 가족은 임상가들이 흔히 공동의존이라고 부르는 관계 양상을 보이도 한다.[4] 공동의존 개념은 본래 1950년대 가족 구성원들의 관계를 다룬 정신분석 문헌에서 처음 등장했지만 1980년대에 책, 연구, 강연 등을 통해 보다 널리 알려지게 되었고, 1990년대 초반에는 대중매체에서도 '공동의존 관계'들이 묘사되기 시작했다. 중독이 미치는 영향을 개인 내에서만 고려할 것이 아니라 가족 전체가 중독자와 맺고 있는 관계를 살펴보아야 하며, 가족 당사자는 중독자의 '유독한' 영향으로부터 벗어나는 것이 중요하다는 관념도 함께 이 시기에 널리 퍼져나갔다.

임상적으로, 또는 대중적으로 공동의존이라는 단어가 사용될 때 한 사람은 중독 상태에 있고, 다른 한

---

[4] Wright, P. H., & Wright, K. D., "Codependency: Addictive love, adjustive relating, or both?", *Contemporary family therapy* 13(5)(1991), pp. 435-454.

사람은 중독자를 돌보며 그의 욕구를 맞추어 주고 돈, 음식, 안식처 등을 제공하는 가족 내 관계의 역동을 일컫는다. 공동의존 관계 안에 있는 사람들은 근본적으로 중독에 자신의 탓이 어느 정도 있다고 생각하며, 가족을 유지하기 위해 과도하게 희생하려는 모습을 보인다. 때로는 중독자 본인이 '내가 이렇게 된 것은 가족 탓'이라고 비난하면서 이 비난과 죄책감의 수레바퀴가 더 빨리 굴러가게 되기도 한다. 이러한 관계의 위험성이 널리 알려져서인지, 알코올중독의 가족을 위한 서적이나 중독자 가족 당사자 에세이는 냉정해 보일지라도 선을 그으라고 말하는 경우도 있다. 출간된 지 30년이 넘었지만 여전히 알코올 중독자와 그의 가족들에게 많은 통찰을 주는 책『회복에 이르는 길』에서는 중독자의 가족들에게 "냉정한 사랑"을 실천해야 한다고 조언한다.[5] 이 책에서 말하는 냉정한 사랑이란 "알코올 중독 환자를 구제하려는 시도를 멈추고 그들이 고통을 받도록 방치하는 것"이다. 중독 상태에 있는 사람들을 무작정 돌봐 주는 경우, 그러니까 생활비와 술값을 계

[5] 알코올상담치료센터,『회복에 이르는 길: 알코올 문제로 고통받는 이들과 그 가족을 위하여』(하나의학사, 1993).

속 지원해 준다든가 중독자를 위해 거짓말을 대신 해 주는 경우에는 술을 끊기 어려우며, 중독자들이 "아무도 자신을 구원해 주거나 변호해 (……) 주지 않는다는 것을 발견할 수 있도록 해 주어야" 한다는 것이다.

그럼에도 불구하고, 너무나 중요한 파트너

하지만 공동의존의 위험에도 불구하고 파트너처럼 가까운 보호자 관계는 일반적으로 회복에서 아주 중요한 요인 중 하나다.

과학적 연구에 의해 알코올중독에 효과성이 있다고 알려진 근거기반치료 중 하나는 행동커플치료(Behavioral Couples Therapy For Alcohol Use Disorders, 이하 ABCT)다. 이 치료는 가족 구성원 간의 관계 양상이 중독에 영향을 미치고, 중독으로부터 영향을 받는다고 본다는 점에서 '냉정한 사랑'과 공통점이 있다. 그러나 이 치료에서는 관계의 치료적 힘과 중독이라는 문제를 해결하기 위해 두 사람이 '함께' 노력해야 한다는 점을 강조한다. 이러한 관점에서는 보호자를 중요한 아군으로 생각하지만, 중독자 본인의 변화를 위한 노력 역시 강조된다. 치료 초반에 두 사람은 함께 계약서를 작성하게 되는데, 계약서의 내용은 상황에 따라 달라질 수 있으나 대체로 다음과 같다. '두 사람의 공동 목표는 단주다. 환자는 단주하기 위해 노력한다. 파트너는 환자의 노력을 인정하고 감사한다. 서로를 비난하지 않는다. 환자와 파트너 모두, 과거의 중독에 대해 말하지 않는다.' ABCT에서 궁극적으로 성취하고자 하는 바는 커플의 관계를 증진함으로써 술을 마실 만한 상황을 줄이고, 지지적인 관계를 형성함으로서 단주 동기를 높이는 것이다.

공동의존 상태의 보호자와 ABCT에서 말하는 보호자 사이의 중요한 관점 차이 중 하나는, 중독자 본인에게 변화에 대한 책임이 얼마나 있다고 보는지다. 공동의존 상태에서, 보호자는 '자신이' 중독자를 어떻게 돌보고 그를 위해 무엇을 해 주는지에 따라 중독자가 달라질 수 있다고 본다. ABCT의 관점에서, 중독에서 회복되는 것은 '공동의' 목표이며, 일차적 책임은 중독자 본인에게 있다.

개인의 선택
혹은 무력한 희생양

그런데 변화에 대한 일차적 책임이 중독자 본인에게 있는 게 맞을까? 그들에게 그럴 만한 힘이 있을까? 사회심리학자 로이 바우마이스터는 사람들이 중독을 보는 관점에 두 가지 극단이 있다고 보았다. 첫 번째 극단은, 사람들이 무엇에 중독되기로 완전히 자유롭게 선택했다고 보는 관점이다. "저는 사회적 책임을 다하는 대신 비생산적인 쾌락에 빠져들기로 자유롭게 결정했습니다."[6] 두 번째 관점은 화학물질과 생물학적 작용 앞에서 인간의 의지는 무력하다고 보는 관점이다. 흔히 중독에 대해 생각할 때 사람들은 후자의 관점에서 자신의 인생이 중독 물질로 인해 '희생'되었다고 생각하고 싶어 한다. 수많은 중독 예방 캠페인들은 중독자는 자신의 행동을 자발적으로 통제하기 어렵다는 메시지를 끊임없이 전달하며(이때 중독자들은 대체로 '무언가에 사

[6]　Vohs, K. D., & Baumeister, R. F., "Addiction and free will", *Addiction research & theory* 17(3)(2009), pp. 231~235. 해당 인용문은 p. 233.

로잡히고' '어딘가에 빠져 있는' 것으로 묘사된다.) 사람들은 중독자가 보이는 행동은 모두 나쁜 화학물질의 파괴적 힘 때문이라고 본다.

이러한 관점의 장점은 병은 미워하면서 사람은 탓하지 않을 수 있다는 것이다. 이를 받아들이면 중독자 자체를 미워하거나 그 사람이 중독 문제를 극복할 수 있도록 돕지 못하는 자신을 탓하지 않을 수 있다. 물질로 인해 망가진 삶에 대해서도 개인의 탓이 아니라 파괴적인 물질의 영향력 때문이라고 설명할 수 있으며, 단지 고통 속에 있는 중독자를 사랑으로 돌보기만 하면 된다. 그러나 이 관점을 선택할 때 오히려 중독자의 회복은 더욱 어려울 수 있다. 연구에 따르면, 자유의지를 믿지 않는 사람들은 중독에서 회복될 가능성이 더 낮았다.[7]

[7] Vonasch, A. J., Clark, C. J., Lau, S., Vohs, K. D., & Baumeister, R. F., "Ordinary people associate addiction with loss of free will", *Addictive behaviors reports* 5(2017), pp. 56~66.

바우마이스터는 극단적 두 관점의 중간 지점을 찾아야 한다고 강조한다. 중독이 주는 쾌락에 더 취약하고 쉽게 빠져들며 유혹을 더 크게 느끼는 이들은 분명 있다. 어떤 학자들은 심지어 '중독에 취약한 성격'도 존재한다고 말한다.[8] 중독 상태인 사람은 물질 외의 그 어떤 것도 생각할 수 없는 강렬한 갈망 상태를 잘 알고 있을 터다. 그러나 "술이 저 알아서 목구멍으로 따라지는 것이 아니듯" 욕망이 곧 행동은 아니다.

최근 이론들은 중독 물질에 대한 강렬한 유혹은 스스로 조절할 수 없지만, 중독 치료의 근본은 그런 욕망 자체가 아니라 행동을 조절하는 데 있다고 강조한다. 몇 년 이상 물질을 사용하지 않은 사람도 여전히 갈망을 느끼지만[9] 그들은 지속적 습관 형성과 대처 방

---

[8]   Skóra, M. N., Pattij, T., Beroun, A., Kogias, G., Mielenz, D., de Vries, T., ······ & Müller, C. P., 「Personality driven alcohol and drug abuse: New mechanisms revealed」, *Neuroscience & Biobehavioral Reviews* 116(2020), pp. 64~73.
[9]   Cutler, R. B., "Abatement of craving in recovering alcoholics: A descriptive analysis", *Addiction Research &*

법 형성을 통해 갈망이 있을 때도 실제로는 그 물질을 사용하지 않을 수 있는 방법을 배웠다. '중독자는 중독 앞에 완전히 무기력하다' 혹은 '중독자는 자유의지로 중독되기를 선택했다' 둘 중 하나의 관점만 선택할 필요가 없다. 그러면 '중독자를 완전히 돌보아 주어야 한다'와 '중독자를 완전히 내버려 두어야 한다' 둘 중 하나로 결정할 필요도 없다.

우리는 중간지대를 찾을 수 있다

우리는 물질의 유혹을 끊임없이 느끼면서도 거기 대응할 수 있는 방법을 새로 배울 수 있다. 물론 그것은 매우 고통스럽고, 혼자 해내기 어려울 수 있다. 또 우리는 소중한 사람이 중독과 싸우고 있을 때 그 사람의 모든 문제를 대신 해결해 주지 않으면서도 아군으로서 함께 문제를 해결할 수 있는 중간 지대를 찾을 수 있다. 중독자가 벌이는 모든 사고와 문제를 대신 처리해 주거나 그의 인생을 떠안는 대신, 중독의 유혹이 찾아왔을 때

Theory 13(2)(2005), pp. 111~127.

임민경

저항하는 방법을 함께 찾아보는 방식으로 지지와 사랑을 표현할 수 있다.

물론 이런 대답들은 당장 중독 문제를 경험하는 사람들에게는 영 시원찮을지 모른다. 나는 중독이 치료 불가능한 질환이라고 생각하지는 않지만, 그럼에도 치료가 대단히 어렵다는 것을 안다. '중독은 치료 가능합니다!'라고 희망과 자신감을 가지고 말하고 싶지만, 암 병동에 누워서도 담배와 술을 중단하지 못하는 사람과 그의 가족을 생각하면 쉽게 그런 말을 하기는 어렵다. 마치 자살을 생각하는 사람은 종종 죽기 전 전조를 보이므로 이를 파악하는 것이 매우 중요하다고 자살 예방의 관점에서 말하는 이야기들이 자살 유가족에게는 엄청난 죄책감의 근원이 되듯, 회복의 가능성에 대해 힘주어 이야기하는 것이 지금 회복되지 못하고 있는 사람과 그 주변인에게 죄책감의 근원이 될까 봐 조심스럽다.

그럼에도 조심스럽게 회복의 가능성을 찾아본다면 완전히 중독자의 인생을 책임지는 것도 아니고, 완전히 내버려두는 것도 아닌 동맹으로서의 관계에 가능성이 있지 않을까. 동시대 많은 작가들이 그랬던 것처럼 알코올중독자였고 작품 곳곳에 알코올에 대한 사랑을 숨기지 않고 표현했던 미국의 작가 존 치버는 60대에 이르러서야 술과 결별했다. '나가야겠다고 생각한 지 20년 만에' 나간 익명의 알코올중독자 모임을 통해 가능한 일이었다. 모임의 한 연설에서 그는 다음과 같이 말했다. "우리는 잘 알고 있습니다. 폭음은 불유쾌한 죽음의 인도자이며 우리가 서로서로를 도움으로써 이 인도자를 정복할 수 있음을요."[10]

[10] 존 치버의 미발표 원고. 올리비아 랭, 정미나 옮김, 『작가와 술』(현암사, 2017) 180쪽에서 재인용.

강제 치료를 당하는 문제

유기호

유기훈   정신건강의학과 전공의. 서울대학교에서 화학생물공학·인류학·의학을 전공했다. 서울대학교 법학과 대학원에서 생명과 의료, 장애를 둘러싼 권리의 문제를 공부하면서 장애인언론 《비마이너》에 글을 쓴다. 『미쳤다는 것은 정체성이 될 수 있을까(Madness and the Demand for Recognition)』(가제)를 한국어로 함께 옮기고 있다.

[주요어] #자율성 #신경다양성 #장애의사회모델
[분류] 사회학 > 장애학

"젊은 시절의 두 사람에게
알코올 이외의 선택지가,
다양한 삶의 가능성이
충분히 열려 있었다면 어땠을까.
'중독에 취약한 뇌'라는
신경학적 소수성을 가지고도
또 다른 삶의 경로를 택할 수 있지 않았을까."

장면 1[1]

국가인권위원회 장애인차별시정위원회 결정

진정인: J 씨

피진정인: ○○병원장

2013. ×. ××. 진정인 J 씨의 형이 병원에 전화해 "집에 있는 진정인이 최근 술을 마시고 행패를 부리는

---

[1] 국가인권위원회 장애인차별시정위원회 결정. 14진정0199100. 개인정보 보호를 위해 진정인과 등장인물의 성은 이니셜로 변경했으며, 문맥상 이해하기 힘든 부분을 일부 수정해 인용했다.

등 입원치료가 필요하니 병원 차량을 이용해 입원을
시켜 주세요."라는 부탁을 했다. (……) 그날 오후 진
정인의 형과 이 사건 병원 ○○과장, 그리고 성명 불
상 직원 한 명이 집에서 잠을 자고 있던 진정인을 깨
워 "갑시다."라고 했고, 진정인이 가기 싫다며 저항
을 하자 ○○과장이 진정인의 어깨를 힘으로 누르고
팔을 잡아 제압하여 강제로 차량에 태웠다. (……) 병
원에 도착한 진정인은 정신건강의학과 전문의 입원
권고 의견과 진정인 모 S 씨의 입원 동의에 의하여
(강제) 입원되었다.

국가인권위 판단

진정인을 대면한 정신과 전문의의 진단이 없는 상태
에서 위와 같이 진정인의 형의 요청이 있다는 사유
만으로 진정인을 강제 이송한 행위는 정신보건법령
에서 허용하고 있는 정당한 업무 행위로 볼 수 없다.
(……) 경찰관에게 진정인의 응급입원 동의 및 호송
조치를 요청할 수 있었음에도 이와 같이 하지 않고
이 사건 병원 소속 직원 두 명이 진정인을 직접 제압
하여 병원으로 강제 이송한 행위는「헌법」제12조에

유기훈

보장된 진정인의 신체의 자유를 침해한 행위에 해당한다.

장면 2[2]

문의자: 시아버지는 평소에는 가정적인 가장이지만, 예전부터 폭음을 하신 뒤에는 자해와 폭력을 행사해서 가족들을 괴롭게 해 왔습니다. (……) 전문적인 도움을 받자고 하면, 본인을 정신병자 취급을 하냐며 엄청나게 화를 내실 뿐 치료가 필요하다는 생각을 전혀 못 하십니다. (……) 그런데 얼마 전 문제가 터졌습니다. 시아버지께서 취하신 상태에서, 지나가는 여성 분에게 성추행을 하려다가 고소를 당하신 겁니다.

답변자: 시아버님의 음주 문제는 본인과 주위의 건강과 안전에 위해를 끼치고 있고, 그 정도는 점점 더 심해질 것이기에 정신건강의학과 의사라면 누구라도

[2] 「가족의 알코올 중독 문제, 어쩌면 좋을까요?」, 《정신의학신문》, 2018년 6월 6일 자.

바드시 입원 치료가 필요하신 상태라고 판단할 겁니다. (……) 그렇지만 본인은 음주 문제를 병이 아니라고 여겨 진료를 거부하시는 상황에서 병원에 모셔갈 방도도 마땅치 않고, 본인 의사에 반해서 입원시켰다가 가족 관계에 상처로 남거나 퇴원 이후 혹여 가족에게 닥칠지 모를 위험한 상황이 걱정돼 어쩔 수 없으셨을 것 같고요. (……)

시아버님께서는 빠른 입원을 통한 치료와 보고가 반드시 필요하고, 지금으로선 보호 입원(강제 입원)밖에는 방법이 없을 것 같다는 생각이 듭니다.

의사나 간호사, 사회복지사 등 정신과에서 일하는 대부분의 치료자들은 '장면 1'과 '장면 2' 사이의 난처함을 마주하게 된다. 강제적 치료는 옳지 않다는 것을 알면서도, 두 번째 장면의 문의자에게 강제적 치료 이외에 어떠한 해결책도 쉽게 내놓지 못하기 때문이다. 이처럼 정신과에서 일한다는 것은 두 장면 사이의 화해할 수 없는 듯 보이는 간극을 좁히는 것이다. 치료자는 결국 좁혀지지 않는 간극에 좌절하고 때로는 현실과 타협하는 결론을 내리기도 한다.

이 글은 병원에서 중독과 그 치료를 마주하며 느꼈던 난처함의 뿌리를 추적한다. 그 추적의 끝에서 만났던 근본적 물음은 '중독을 대체 어떻게 바라보아야 하는가'였다. 정신의학에서 말하듯 중독은 '뇌의 병'이자 '정신질환'인 것일까? 그러나 이를 받아들인다면 '병든 뇌'를 지닌 중독자에 대한 강제적 치료가 정당화될 수 있는 듯이 보인다.

한국에서 2017년 이전까지 시행된 정신보건법에서는 "알코올 및 약물중독"을 정신질환에 포함시켰다.[3] 법에 따라 수많은 중독자들이 강제입원 대상이 되었고, 입원된 당사자들은 이러한 강제적 조치에 반대하며 '장면 1'의 J 씨처럼 국가인권위원회에 진정을 제기했다. 이를 둘러싸고 강제로라도 질병으로서의 중독을 치료해야 한다는 강경한 입장과 치료 과정에서 발생할 수 있는 인권 침해를 비판하는 입장이 팽팽하게 대립했다. 이러한 논란 속에 2016년 정신보건법이 정신건강복지법으로 개정되면서, 알코올 및 약물중독

---

[3] 1996년에 제정된 정신보건법에서는 정신질환자를 "정신병·인격장애, 기타 비정신병적정신장애를 가진 자"로 정의했으며, 2000년 1월 12일 일부 개정을 통해 "알코올 및 약물중독"을 포함하기 시작했다.

은 결국 정신질환의 범주에서 삭제되기에 이른다.[4] 그러나 비판도 만만치 않았다. 일부 논자들은 법 개정으로 "치료가 필요한 환자가 치료받지 못하는 상황"[5]이 일어나 중독자의 치료받을 권리가 침해된다고 비판을 이어갔다.

이처럼 중독을 어떻게 바라볼지에 대한 논의는 중독자의 삶의 궤적을 실제적으로 좌우하는 실천적 문제이면서, 당사자와 사회가 어떻게 통제권을 나누어 가질지에 대한 이론적·철학적 문제이기도 하다.

강제 치료를 둘러싼 딜레마

현대 정신의학에서는 중독을 "만성 재발성 뇌질환"[6]으로 정의한다. 이와 같은 관점을 중독의 질병모델이라 하는데, 질병모델에서는 중독물질이나 행위가 뇌

[4] 정신건강증진 및 정신질환자 복지서비스 지원에 관한 법률(약칭 정신건강복지법)(2016. 5. 29., 전부 개정) 제3조 제1항.
[5] 윤제식·김창윤·안준호, 「정신건강복지법 비판: 비자의 입원 요건을 중심으로」, *Journal of Korean Neuropsychiatric Association* 57.(2)(2018), pp. 145~156.
[6] NIDA, 2020. op. cit. p. 4.

안의 보상 회로를 "납치"[7]하고 통제 능력을 상실시켜 개인을 중독 상태에 빠뜨린다고 본다.[8] 외부의 화학물질이나 행위가 뇌를 병들게 하고 중독자의 자율성을 훼손해 (적어도 중독행위에 대해서는) 개인을 '병든 뇌의 꼭두각시'로 전락시킨다는 것이다.

하지만 이처럼 중독의 질병모델을 충실히 따라가다 보면, 그 끝에서 우리는 자율성의 난관에 봉착한다. 질병모델에 따르면 중독자는 국가가 강제로라도 치료

[7]   Teresi, Louis., *Hijacking the Brain: How drug and alcohol addiction hijacks our brains the science behind twelve-step recovery*(Author House, 2011).

[8]   질병모델이 대두되기 이전, 중독은 개인의 도덕적 결함이자 나약한 의지의 산물로 여겨졌다. 개인의 의지력이나 도덕적 신념이 약하여 물질·행위에 중독되었다는 것이다. 이러한 관점을 중독의 '도덕모델'이라 칭하며, 도덕모델에 따라 중독 당사자는 사회의 비난과 지탄의 대상이 되곤 했다. 중독의 질병모델을 지지하는 사람들은 "질병으로서의 중독" 개념이야말로 중독자들이 고통받아 왔던 사회적 낙인으로부터 당사자들을 해방시킬 수 있는 지름길이라 주장했다. 중독을 도덕적 의지의 문제로 여겼던 과거의 관점으로부터 벗어나, 중독을 단지 뇌의 취약성에 의한 '질병'으로 바라보자는 것이다. 중독의 도덕모델, 질병모델과 관련한 자세한 설명으로는 Hammer, Rachel, et al., "Addiction: Current criticism of the brain disease paradigm", *AJOB neuroscience* 4(3)(2013), pp. 27~32 참고. 중독의 질병모델의 성립 과정에 대해서 Vrecko, Scott., Birth of a brain disease: Science, the state and addiction neuropolitics., *History of the Human Sciences* 23(4)(2010), pp. 52~67 참고.

해야 하는 비자율적 존재가 된다. 정신질환으로서의 중독이 개인의 자율성을 훼손한다면, 중독자는 자신의 상태를 제대로 파악하고 치료 여부를 결정할 수 없기 때문이다. 따라서 '장면 2' 답변자의 말대로 비자율적 개인에 대한 강제입원은 "치료를 위한 어쩔 수 없는 수단"인 것처럼 보인다. 그러나 '장면 1'의 국가인권위 결정에서 드러나듯, 중독자에 대한 강제적 치료는 당사자의 자유를 심각하게 제한한다. 치료와 자율성의 딜레마 속에서, 중독 당사자의 자율성을 보장하는 동시에 회복을 모색하는 일은 가능할 것인가?

중독의 장애학적 모델

이에 대한 답을 찾기 위해 중독이 지칭하는 대상을 따져 봐야 한다. 중독이 뇌의 질병이라면 중독되기 전의 뇌의 취약성을 가리키는가? 혹은 중독된 이후의 병든 뇌를 말하는가? 아니면 중독행위를 끊임없이 반복하는 결과적 상태를 의미하는가? 중독의 의미를 명확히 하는 데에 장애학이 이루어 낸 성과들이 중요한 통찰을 제공한다.

유기훈

중독의 질병모델이 점점 확장되고 있던 1999년 사회학자 주디 싱어는 신경다양성[9] 개념을 정식화한다. 자폐스펙트럼장애나 지적장애, 정신장애로 발현되는 뇌신경 구조는 열등하거나 병리적인 것이 아니라 신경학적 다양성의 일부이며, 그 자체로 사회 속에서 인정받으며 살아갈 수 있어야 한다는 것이다.

이러한 신경다양성 개념은 발달장애 당사자 운동에서 폭넓게 확산되었는데, 그 배경에는 '신경학적 상태'와 '장애화된 상태'를 구분하는 신경다양성 개념의 강점이 있었다. 발달장애인이 신경다양성을 지니고 사회에서 살아가면서 다양한 장애를 겪는 것은 문제적인 뇌를 지니고 있어서가 아니라, 사회가 이러한 신경학적 소수자에 대해 충분히 준비되지 않았기 때문이다. 즉 장애의 원인은 장애 당사자의 뇌 내에 있는 것이 아니라, 이러한 소수자를 장애화하는 사회에 놓이게 된다.

이러한 신경다양성 운동은 몸의 '손상'과 사회적

---

[9]   Singer, Judy., "Why can't you be normal for once in your life? From a problem with no name to the emergence of a new category of difference", *Disability discourse*(1999), pp. 59~70.

불리함이 '장애'를 분리하여 생각했던 장애의 사회모델[10]을 정신장애로 확장할 단초를 마련했다. 정신장애의 사회모델에서 정신장애인의 신경학적 상태는 사회와 상호작용하며 다양하게 표출된다. 이에 따라 당사자는 어떤 사회에서는 충분한 자율성을 발휘하며 살아가지만, 어떤 사회에서는 비자율적 존재로 자유가 제한된 삶을 살아간다. 정신장애인의 삶은 단지 그의 '뇌의 질병'에서 비롯된 필연적 귀결이 아니라 신경학적 다양성이 '사회와 상호작용한 결과'다. 따라서 사회가 당사자에게 어떠한 삶의 선택지와 역량을 보장하는지에 따라 신경다양성을 지닌 개인의 삶의 모습은 크게 달라질 수 있다.

[10] 장애의 사회모델은 몸의 '손상'과 사회적 불편함인 '장애'를 분리하여 생각하는 것으로부터 시작했다. 예컨대 하반신 마비라는 손상이 있어 계단을 못 올라가는 것이 아니라, '비장애인'을 기준으로 설계된 계단이 장애를 만드는 진짜 원인이라는 것이다. 장애로 인한 배제와 차별이 신체 손상에 기인한 것이 아니라면, 손상에 대해서 주눅들거나 열등함을 느낄 필요가 없다. 사회모델을 통해 장애 당사자는 스스로의 책임이나 운명으로 여겨왔던 장애를 사회적 권리에 대한 목소리로 바꾸어 냈고, 손상을 다른 각도에서 사유할 수 있는 가능성을 확보했다.

서두에서 제시한 두 사례로 돌아가 보자. 질병모델이 설명하는 것처럼 J 씨와 알코올중독자 시아버지는 알코올중독에 취약한 뇌를 가졌을지도 모른다. 하지만 젊은 시절의 두 사람에게 알코올 이외의 선택지가, 다양한 삶의 가능성이 충분히 열려 있었다면 '중독에 취약한 뇌'라는 신경학적 소수성을 가지고도 또 다른 삶의 경로를 택할 수 있지 않았을까.

알코올에 노출되어 중독이 시작되었다고 하더라도, 두 사람에게 초기에 중독에서 빠져나갈 수 있도록 돕는 사회적 안전망과 지지체계가 있었다면 어떨까. 만약 지역사회 중독센터에서 알코올에 의존하게 되는 심리사회적 이유를 사전에 탐색하고, 가족들과 함께 문제를 해결하는 기회를 충분히 제공했다면 두 사람의 삶은 달라졌을지 모른다. 나아가 결국 중증의 중독 상태에 이르렀다고 하더라도, 강제입원만이 회복의 유일한 방식은 아니다. 중독 당사자들이 통원하거나 단기간 거주하며 회복할 수 있는 중독 전문 재활시설이 충분히 확보되고 적절한 서비스를 제공한다면 개인의 자

유를 침해하는 강제적 조치는 최소화될 수 있다.[11]

이와 같이 중독을 장애학적 관점으로 바라볼 때 중독을 둘러싼 치료-자율성 딜레마를 풀 수 있다. 중독에 취약한 뇌를 지녔다는 것만으로 중독의 질병모델에서 주장하는 '병리화된 개인'의 위치에 놓이는 것은 아니며, 설사 물질·행위에 빠지게 되더라도 자율성의 상실과 강제적 치료로 귀결되어야 하는 것도 아니다. 중독에 취약한 개인이 중독의 상태로 나아갈 것인지, 중독되었다 하더라도 그 이후에 어떠한 삶을 살고 어떠한 회복의 경로를 걸어갈지는 그 개인의 삶의 각 단계마다 어떠한 선택지가 제공되는지에 결정적으로 달려 있기 때문이다. 국가는 중독 이전부터 중독이 시작되어 심화되는 각 단계마다 개인에게 다양한 대안을 확보하고 제공할 의무가 있으며, 바로 여기에서 당사자의 자율성의 공간이 탄생한다.

중독은 뇌의 신경다양성으로부터 출발해 수많은

[11]　현재 서울의 경우 중독관리통합지원센터는 강북구, 노원구, 도봉구에 3개소만 존재하며, 전국의 중독전문 정신재활시설은 4개소에 불과하다. 정부는 2021년 초 발표한 '제2차 정신건강복지기본계획'에서 알코올중독 치료에 대한 접근성 향상을 위해 2025년까지 중독관리통합지원센터와 재활 시설을 확대하겠다는 계획을 밝혔다.

경로를 선택하며 삶의 구체적 양상으로 나아가는 일련의 과정이다. 그 과정 속 중독자는 만성 뇌질환을 가진 수동적 치료 대상이 아니며, 신경학적 소수성으로 인한 자신의 어려움에 대해 사회에 선택지를 요구하고 확장하며 자율적인 삶을 사는 주체가 된다. 신경학적 소수성을 지닌 개인 앞에 어떠한 삶의 선택지들이 놓여 있는가? 국가는 신경학적 소수자에게 어떠한 삶의 선택지들을 보장하고 있는가? 그리고 그 속에서 나는 무엇을 할 수 있을까? 신경학적 소수자의 삶의 가능성을 확보하려는 모두의 노력 속에서 중독 당사자의 새로운 삶 또한 가능해질 것이다.

벼랑에 이르는 절망

노여히

노경희　　서울대와 일본 교토대에서 한국, 중국, 일본의 고전 문학을 공부하고 현재 울산대 국어국문학부 교수로 재식하고 있디. 10 10세기 동아시아 문학의 비교와 교류 중에서 특히 책·출판·독서 문화에 주목하고 있으며, 전통문화의 구술과 문헌의 경계를 넘는 작업으로 관심을 넓히고 있다. 『17세기 전반기 한중 문학교류』, 『울산의 쟁이들: 장도·붓·문화재 구술 생애사』, 『동아시아의 문헌 교류』(공저) 등을 썼고, 『명말 강남의 출판 문화』와 『에도의 독서열』 등을 옮겼다.

[주요어] #불로장생 #17~18세기조선 #빠지다

[분류] 동아시아문헌학 > 조선후기 한문학

"무언가에 빠져
마침내 궁극의 도에 이르고
지고지순한 예술을 성취한 사람들.
엄격한 신분과 규범에 눌려
꽉 막힌 조선 후기 사회에
역동적인 변화와 창조를 가져온 것은
바로 이들의 무언가에 빠진 삶이었다."

'중독'이라는 단어는 여러 가지 모순된 의미들을 담고 있다. '독(毒)'이라는 대상과 '적중하다(中)'라는 동사의 결합어인 중독은 글자 그대로 풀이한다면 '독에 적중하다'라는 의미가 된다. 독극물에 감염되어 신체적으로 해를 입는 경우와 정신적 차원에서 어떤 물질에 계속 의존하게 되는 경우 모두 한자어로는 중독 한 단어에 담겨 있다면, 서양의 언어에는 이들 단어가 따로 존재한다. 중독의 영어 표현에는 독성 물질에 중독되어 생명이 위험한 poisoning, 알코올이나 약물 등의 물질을 과용하여 중독된 intoxication, 그리고 정신적 차원에서 습관적으로 물질 또는 행위를 찾는 addiction이 있다.[1]

셋 중에서 중(中)의 행위에 초점을 두는 addiction
은 라틴어 addictus에서 온 것으로 어떤 대상에 스스로
를 '헌신하거나(to devote)' '포기하는(to give up)' 뜻이
있다. 헌신과 포기는 어떠한 대상에 '빠진다'는 점에서
공통되지만 각기 뜻하는 의미가 사뭇 다르다. 헌신이
신, 가족, 연인, 학문과 예술 등 소중하고 가치 있는 존
재에 기꺼이 나의 전부를 '바치는' 행위라면, 포기는 어
떤 대상 때문에 나를 '버리는' 일이다. 그러니까 addic-
tion에는 상대를 향해 헌신하는 마음과 나의 존재를 포
기하는 마음이 서로 다른 방향으로 섞여 있다. 그런데
누군가에게 자신을 바치는 것은 곧 그의 노예가 되는
것이다. addictus의 동사형 addico에는 '노예로 만들다
(to enslave)'라는 의미가 있다. 그러니까 중독자는 스스
로를 노예로 만드는 사람, 자발적으로 노예가 된 사람
이다. 이러한 모순된 상황에 관해 일찍이 한용운은 다
음과 같이 노래했다.

　　남들은 자유를 사랑한다지마는, 나는 복종을 좋아하

[1]　　영어와 라틴어 어원에 대해서는 Online Etymology Dictio-
nary(https://www.etymonline.com)를 참조.

여요.

자유를 모르는 것은 아니지만, 당신에게는 복종만
하고 싶어요.

복종하고 싶은데 복종하는 것은 아름다운 자유보다
도 달콤합니다.

그것이 나의 행복입니다.

그러나, 당신이 나더러 다른 사람을 복종하라면,

그것만은 복종할 수가 없습니다.

다른 사람을 복종하려면 당신에게 복종할 수 없는
까닭입니다.[2]

중고등학교 참고서에서는 흔히 이 시의 주제가
'절대적 존재에 대한 복종과 그 기쁨'이라고 한다. 이때
절대적 존재란 "님만 님이 아니라 기룬 것은 다 님이
다. 중생이 석가의 님이라면 철학은 칸트의 님이다. 장
미화의 님이 봄비라면 마시니의 님은 이태리다. 님은
내가 사랑할 뿐 아니라 나를 사랑하나니라."[3]라는 존

[2] 한용운, 「복종」, 『님의 침묵』(회동서관, 1926).
[3] 앞의 책, 「군말」.

재다. 이렇게 복종에서 기쁨을 느끼는 모습은, '중독'을 가장 시적으로 묘사한 것이 아닐까. 자유를 사랑하지만 '당신'에게만은 기꺼이 나를 바치고 싶은, 스스로의 의지로 결정한 복종은 '아름다운 자유'보다 달콤하다. 그리고 거기에서 나는 행복을 느낀다.

독이 든 성배

독과 약은 한 끗 차이다. 신체에 해악을 끼치는 많은 독들은 약으로도 귀한 대접을 받는 물질이다. 조선 시대 죽음의 형벌인 사약(賜藥)의 주재료인 부자는 양기를 보충하는 데 효과가 좋은 귀한 약재다. 수은은 불로장생을 가능하게 하는 단약(丹藥)의 핵심 재료라 여겨졌지만, 인체에 심각한 중독을 일으켜 죽음에 이르게 하는 독극물이다. 정조가 죽기 이틀 전까지 처방되었던 연훈방(煙薰方)은 수은을 태워 나는 연기를 상처에 쏘이는 것이었다. 정조 사후 이 처방은 '독살설'의 주요 원인으로 지목되었다.

그런데 인간의 정신과 마음에 해악을 끼치는 독의 경우 절대적인 독성을 따지기가 더욱 어렵다. 정신적

노경희

인 해악은 시대와 지역에 따라 그 평가가 다르며, 설사 같은 시공간이라 해도 입장에 따라 누군가에겐 독이, 누군가에게는 약일 수 있다. 정신적 차원에서 무언가를 '독'으로 규정하는 일에는 가치의 판단이 작용한다.

송나라 유학자 주희는 허씨 교관이 육구연(陸九淵)의 학문에 경도된 점을 경계하면서 그에 대해 '조금 중독되었다(小中毒)'라고 평했다.[4] 자신의 학설과 다른 것에 빠졌다는 이유로 '중독'이라 말한 것이다. 주희에게 육구연의 학문은 곧 '독'이었다. 그리고 이러한 태도는 수백 년이 흐른 뒤 17세기 조선에서도 다시 재현되었다.

송시열은 한때의 벗이자 일생 학문과 정치의 라이벌이었던 윤휴와 주자학의 해석을 두고 대립했다. 윤휴는 당시 조선 학단의 정론인 주자의 학설에 반기를 들고 유교 경전에 대한 독창적인 의견을 내놓았다. 1644년 28세 때 지은 『중용설(中庸說)』에서 그는 고본

[4]　"그러나 그 학설이 자못 강호 사이에 퍼져서 현자의 뜻을 덜고 어리석은 자의 잘못을 더하니, 이 재앙이 언제 그칠지 모르겠습니다. 허교관 또한 조금 중독된 것 같은데 어떻습니까." 주희, 「첨원선에게 보내는 편지(答詹元善)」, 『회암집(晦庵集)』권46.

(古本)『중용』을 참고하여 주희의『중용장구집주(中庸章句集註)』에 나온 주석을 없애기도 하고 본문의 체재를 바꿨으며 자신만의 새로운 해석을 덧붙였다. 이 책을 보고 경악한 송시열은 그를 '사문난적(斯文亂賊)'으로 규정했다. 그러나 윤휴의 학설은 다수의 학자들에게 지지받았고, 그중에는 송시열의 절친한 벗과 제자였던 윤선거와 윤증 부자도 있었다. 송시열은 이들에게 더욱 배신감을 느껴 '소위 고명하다는 사람들이 그에게 중독되었다.'라고 극렬히 비난하면서 같은 편의 사람부터 엄히 다스려야 한다고 주장했다.

불행히도 윤휴라는 자는 처음부터 이황과 이이의 학설을 배척하고 문간공 성혼에 대해서는 아예 언급조차 하지 않았습니다. 그가 자신의 학설을 지어 신(송시열)에게 보냈기에, 신은 깜짝 놀라며 이를 나무랐습니다. 그는 하늘을 쳐다보고 웃으면서, 당신이 무엇을 알겠느냐고 했습니다. 이미 주자의 주석과 해설이 옳지 않다면서 자신의 견해에 따라 바꾸었고,『중용』에 이르러서는「장구(章句)」를 없애 버리고 새로운 주석까지 달아 자신을 따르는 무리에게 주었습니다. 마지막에는 자신의 학설을 저술하여 스스로를 공자에 견주고 염구(冉求, 공자의 제자)를 주자에 비견했습니다. 윤휴의 패류(悖謬)한 짓이 이에 이르러 세상의 도리를 해침이 매우 심했습니다. 한때 소위 고명하다는 사람들이 그에게 **중독**되었는데, 윤증의 아비 윤선거가 특히 심했습니다. 윤휴는 사문난적이고, 윤선거는 그와 한통속으로 주자를 배반한 사람입니다. 『춘추』의 법에 난신적자(亂臣賊子)를 다스리려면 먼저 같은 편부터 다스리라고 했습니다. 왕의 도로 다스린다면 마땅히 윤선거가 윤휴보다 먼저 법의 처벌을 받아야 할 것입니다.[5]

훗날 송시열의 제자 박광일은 '윤휴에게 중독되었다'라는 표현은 지나치지 않느냐는 혹자의 질문에 그것이 '주자의 가르침'이라 응수하며 정당성을 주장한다.[6] 주자의 권위에 근거해 윤휴의 사상을 독이라 규

[5] 『숙종실록』 13년(1687) 2월 4일 기사.
[6] "질문: 미촌(윤선거)을 두고 '윤휴의 독에 중독되었다'고 말한 것은 지나친 듯합니다. 답: '중독' 두 글자는 주자에게서 나왔습니다. 당시 뜻을 같이했던 학자들이 사악함을 배척하는 것이 엄하지 않았기 때문에 주자의 '조금 중독되었다'라는 가르침이 있었으니, 중독되었다는 가르침이

정지은 셈이다. 이처럼 주자학만을 인정하고 나머지는 모두 이단으로 규정하며 거기에 중독될 것을 염려하는 모습은 18세기 지식인들에게도 지속적으로 발견된다.

좋은 글이 매우 많은데 『양명집(陽明集)』은 왜 보십니까? 공께서 비록 경서를 무르익게 외우고 익혔으나 은미하고 온오(蘊奧)한 뜻은 많이 터득하지 못했습니다. 때문에 이 일에 유의한 지 이미 여러 해가 되었으나, 길이 아직도 까마득한데 잡서를 범람하게 볼 경우 반드시 거기에 **중독**되고 말 것입니다. 저 역시 일찍이 그 글을 보았는데 천지를 놀라게 하는 그 의논이 사람의 넋을 빼앗고 간담을 서늘하게 했습니다. 그러므로 그 당시 사람들이 너나없이 휩쓸려 따라갔으니 매우 두렵습니다.[7]

후배 한정운(韓鼎運)에게 보낸 편지에서 성호학파 문인 안정복은 한정운에게 『양명집』을 왜 읽느냐며 자

이미 있었던 것입니다." 박광일, 「잡저」, 『손재집』 권7.
[7] 안정복, 「한사응에게 보내는 편지(答韓士凝書) 을미(1775)」, 『순암집』 권8,

칫 그것에 중독될 수 있다고 염려한다. 안정복은 사상
적으로 온건한 입장을 견지한 인물이라 평가되지만 그
역시 주자학에 대립된 양명학을 해롭게 보고 경계한
것이다. 그러나 한편으로는 양명학이 "사람의 넋을 빼
앗고 간담을 서늘하게" 하는 것이라며 빠져들 수밖에
없는 매력을 인정한다. 도저히 그 빠지는 이들을 막을
방법이 없어서 가까이하면 죽는다고, 저것이 바로 독
이라고 위협하는 것이 아닐까 싶은 정도다.

　이렇게 하나의 사상을 '독'이라 규정하며 그 주장
을 펼친 이들을 죽음으로 내모는 것은 동서양을 막론
하고 역사에서 종종 나타나는 일이다. 교황청의 면죄
부 판매에 반대하는 마르틴 루터의 「95개조의 반박문」
으로 시작된 서양의 종교 개혁은, 교황청에서 루터의
사상을 '이단'으로 규정하고 그를 파문하며 일단락되는
듯했다. 그러나 그의 주장은 유럽 전역에 들불처럼 번
져 갔고, 결국 가톨릭에서 개신교가 분리되는 결과를
맞이한다. 당시 교황청 세력에게 루터의 사상은 독이
었다.

　사상적인 독을 규정하는 것은 결국 가치의 문제
다. 내 편이 아닌 것은 모두 독이며 해악이다. 그러나

이 독은 누군가에게는 목숨을 걸고 지켜야 하는 신념이다. 조선 후기 천주교가 '사교(邪敎)'로 규정되며 얼마나 많은 신도들이 박해와 죽음을 당했으며, 그럼에도 목숨을 걸고 '천주님'에 대한 신앙을 꺾지 않은 이들은 또 얼마나 많았나. 이들 모두 당시 위정자들에게는 지독한 중독자였다. 이들은 기꺼운 마음으로 그 독이 든 잔을 들이켰고 죽음을 받아들여 마침내 순교자가 되었다. 죽음을 통해 오히려 영원히 사는 불멸을 획득한 것이다. 이에 독은 불사의 약이 되었다. 이렇게 보면, 불사를 꿈꾸며 수은을 들이켠 저 중국 황제들의 신화는 스스로 독을 마시고 죽는 자만이 불멸을 얻을 수 있다는 상징으로 새롭게 읽힌다.

중독에서 문제는 애초 인간에게 해악을 끼치는 '독'이라는 물질 자체였지만, 어느 순간부터 거기에 빠진 행위가 위험한 것이 되었다. 그렇다면 중독에서 '중'은 과연 어느 정도나 빠진 상태일까. 일찍이 조선 문인 이수광은 『지봉유설』에 중국 문인 왕륜(王綸)의 말을 빌려 다음과 같이 적었다.

왕륜이 말하기를, 병에는 '감(感, 느끼는 것)'이 있고,

노경희

'상(傷, 다치는 것)'이 있고, '중(中, 적중하는 것)'이 있
다. 감은 털과 가죽에 가볍게 스친 것이고, 상은 피부
와 살이 조금 심하게 다친 것이다. 중은 폐장육부에
들어간 것으로 가장 심각한 상태다. 중한(中寒)·중풍
(中風)·중서(中暑)·중습(中濕)·중기(中氣)·중독(中毒)
과 같이 사악한 기운이 그 가운데로 침입한 것이다.
그러므로 중병(重病)이라 말한다. (……) 술중독(中
酒)과 도적질(中寇)의 중 또한 그 뜻이 같다.[8]

병에는 감, 상, 중이 있다. 이때 중은 단순히 피부
겉이 스치거나 살점을 다치는 정도가 아니라 폐장육
부까지 깊이 들어가는 것이기에 중한 병이 된다. 누군
가 중독되었다면 더 이상 돌이킬 수 없는 위독한 상황
이다. 주희와 송시열이 각기 육구연과 윤휴의 사상에
빠진 것을 중독이라 부른 것은, 거기에 빠진 이들은 이
제 더 이상 돌이킬 수 없다고 판단했기 때문이다. 그러
나 반대의 입장에 서 있는 이들 또한 정확히 같은 태도
를 보일 수 있다. 중독된 이는 내가 아니라 바로 너라

[8] 이수광, 「문자부(文字部)」, 『지봉유설』 권7.

고, 이쯤에 이르러서는 하나가 죽고 하나가 사는 것 이외에는 스스로가 독이 아님을 증명할 방법이 없다.

18세기 조선의 중독자들

한편 모든 중독자들이 목숨을 걸고 세상을 바꿀 만한 대단한 것에 빠지지는 않는다. 18세기 조선에는 하찮은 것에 빠진 이들이 나타났다. 하루 종일 꽃만 바라보고 그림을 그린 김덕형, 서화 수집에 빠진 홍현주와 장황(裝潢, 표구)에 빠진 방효량, 돌만 보면 벼루를 깎아 만들어 '돌에 미친놈'이라 불렸던 석치(石癡) 정철조, 칼에 빠져 닥치는 대로 수집한 김억, 책에 빠진 책장수(서쾌) 조신선, 바둑에 빠진 정운창, 여행에 빠진 정란, 검무에 빠진 기녀 운심, 그림에 빠진 화가 최북……. 이들은 사대부 문인부터 아전, 중인, 평민, 천민, 기생에 이르기까지 그 처지는 서로 달랐으나 모두 무언가에 빠져 살았다. 당시 사람들의 눈에 이들은 한심하고 미친놈처럼 보였다. 그래서 사람들은 이들을 벽(癖, 고질병자)·광(狂, 미치광이)·나(懶, 게으름뱅이)·치(痴, 바보)·오(傲, 오만한 자)라 불렀다.[9]

노경희

한 예로 책장수 조신선의 이야기를 보자. 보통 '책에 빠진 사람'이라 하면 흔히 애서가나 장서가를 떠올리겠지만, 조신선은 그저 책을 사고파는 책장수일 뿐이었다. 그러나 그는 책의 내용이 아닌 책이라는 물건 자체에 '미쳐서' 마침내 신선이라 불릴 정도로 삼라만상의 이치를 모두 깨달은 자가 되었다.

　　"책은 모두 당신이 가지고 있던 거요? 또 책의 내용을 아시오?"
　　조신선이 답했다.
　　"나는 책이 없소이다. 아무개가 어떠어떠한 책을 몇 년 소장하고 있다가 그 가운데 어떤 책을 나를 통해 몇 권 팔았을 뿐이오. 그 때문에 책의 내용은 모르지만 어떤 책은 누가 지었고, 누가 주석을 달았으며, 몇 질에 몇 책인지는 충분히 알지요. 그런고로 천하의 책이란 책은 모두 내 책이지요. 천하의 책을 아는 사람 가운데 나보다 더 나은 사람이 없을 게요. 천하에 책이 없어진다면 나도 더는 달리지 않을 것이오, 천

[9]　　정민, 『미쳐야 미친다』(푸른역사, 2004); 안대회, 『벽광나치오』(휴머니스트, 2011).

하 사람이 책을 사지 않는다면 내가 날마다 술을 마시고 취하지도 못할 것이오. 이야말로 하늘이 천하의 책을 가지고 내게 명령하여 나로 하여금 천하의 책을 모두 알라고 한 것이지요.

옛날에는 아무개의 할아버지, 아무개의 아버지가 책을 사들이더니 귀한 몸이 되고 높은 벼슬아치가 되었지요. 지금 와서는 그 아들 손자들이 책을 팔아먹더니 곤궁해지더군요. 나는 책을 통해서 수많은 사람을 겪어 보았습니다. 천하에는 슬기롭고 어리석으며 어질고 못난 사람들이 끼리끼리 무리 지어 쉬지 않고 생겨나더군요. 내가 단순히 천하의 책만을 이해할 뿐일까요? 책을 통해 천하의 인간사도 이해하지요."[10]

무언가에 빠져 마침내 궁극의 도에 이르고 지고지순한 예술을 성취한 사람들. 그 대상이 설사 보통 사람들에게 하잘것없게 보이더라도, 그들에게만큼은 자신의 온 존재를 바쳐서 이루어 내야 하는 것이었다. 그리

[10] 조수삼, 「죽서조생전(鬻書曺生傳)」, 『추재집(秋齋集)』 권8(보진재, 1939). 번역은 안대회의 앞의 책, 160~161쪽을 참조했다.

고 엄격한 신분과 규범에 눌려 꽉 막힌 조선 후기 사회에 역동적인 변화와 창조를 가져온 것은 바로 이들의 무언가에 빠진 삶이었다.

중독은 유한한 인간이 불멸을 얻어 내는 유일한 길이다. 그 빠지는 대상이 나보다 더 크기에 기꺼이 나를 바치는 것이라면 천국에 오르는 계단이 될 수도 있고, 그것이 나 자신을 잃고 노예가 되는 것이라면 지옥의 문 앞에 서는 행위일 수도 있지만 또한 누가 알까. 내가 천국이라 믿은 곳이 사실은 누군가의 지옥이고, 누구나 지옥이라 말하는 곳이 나의 천국이라는 사실을.

다음의

'착한' 경제 이야기

조세호

주석도　　청소년 웹진 《Ch.10》 편집장을 지냈고, 중고생 두발제한 반대 서명운동, 만18세 선거권운동 등 인터넷 기빈 시민운동에 주도적으로 참여했다. 두 번의 창업 경험이 있으며, 슬로워크에서 '스티비'와 '오렌지레터' 등을 기획했고 현재 CEO로 일하고 있다. 저서로 『일잘러를 위한 이메일 가이드 101』이 있다.

[주요어] #중독유발디자인 #사용자경험 #디지털제품
[분류] 경영학 > 인터넷 비즈니스

"단기적으로 리텐션을 높이려 하기보다
장기적인 관점에서 성장시킬 수 있는
방법을 찾아보기로 했다.
낚시성 제목 등 자극적인 요소도
마다하지 않고
업무 담당자의 스트레스를 가중시켜 가며
구독자 수, 오픈율, 클릭률 등의
지표에 매달리는 것만이
성과는 아니기 때문이다."

나는 지금 슬로워크라는 기업에서 CEO로 일하고 있다. 슬로워크는 사회적 가치를 추구하는 크리에이터들이 모인 기업으로, 나의 오랜 관심사와 맞닿아 있다. 나는 10대 시절부터 청소년 웹진을 시작으로 중고생 두발제한반대 온라인 서명운동, 청소년 선거권운동 등의 디지털 기반 사회 캠페인에 참여해 왔다. 이처럼 무언가 새로 만들어 내고 싶은 욕구에 사회적인 관심사가 더해져서 지속 가능한 비즈니스로 활동을 이어 가야겠다는 생각을 했다. 이후 대학교를 다니며 스타트업 두 개를 창업하기도 했고, 사회적기업가를 육성하는 비영리조직에서 일하기도 했다. 내가 하고 싶은 활동을 비즈니스로 풀어내고 있던 슬로워크에 입사한 뒤에는 디자인과 디지털 기술을 통해 어떻게 많은 사람에게 긍정적인 영향을 미칠 수 있을지 고민하고 있다.

오늘날 디지털 기술과 디자인의 강력한 영향력에서 자유로운 사람은 많지 않다. 받은편지함을 강박적으로 확인하거나, 소셜 미디어 피드를 계속해서 새로 고침해 본 경험이 있을 것이다. '읽지 않은 메일 없음'이라는 목표 달성을 위해 직장인들은 하루 근무 시간 중 4분의 1을 이메일 정리에 보낸다.[1] 그 외의 시간에도 "당신이 알 수도 있는 사람이 인스타그램을 사용 중입니다."라거나 "장바구니 상품 매진 임박"이라고 알려 오는 푸시 알림, 이메일 등을 상대한다. 이런 메시지들이 원하는 바는 같다. 나의 재방문을 유도하고, 습관적으로 그 웹사이트나 앱, 기기를 사용하도록 하려는 것이다. 그리고 내가 일하는 슬로워크 역시 디지털 기술과 디자인의 이러한 속성을 일정 수준 적용하고 있다.

---

[1] 애덤 알터, 홍지수 옮김, 『멈추지 못하는 사람들』(부키, 2019) 전자책.

사회적기업도 그로스 해킹을 따른다

슬로워크의 매출 대부분은 사회적 가치를 추구하는 프로젝트의 디자인과 디지털 솔루션을 제공하는 에이전시 서비스에서 창출된다. 청년이 주도해 성평등 관점의 비전을 제시하는 플랫폼 디자인, 유휴 간호 인력의 현업 복귀와 중소병원 간호 인력 취업을 촉진하는 디지털 솔루션 개발, 그리고 성(性)의 지속가능성을 실현하는 헬스케어 제품의 브랜딩 등이 그 예다. 우리의 주 고객은 비영리조직, 소셜 벤처, 사회적기업, 공공기관 등 소셜 섹터에 속한다. 최근에는 ESG(environmental, social and corporate governance, 환경, 사회, 기업 지배구조) 경영이 각광받으면서 소셜 섹터에 속하지 않은 조직이 사회적 가치를 추구하는 프로젝트를 의뢰하는 일도 늘어나고 있다.

재난지원금 신청이나 백신접종 예약처럼 일회성이 아닌 대부분의 디지털 제품이 리텐션(retention)을 중요하게 생각하는데, 슬로워크가 만드는 제품이라고 다르지 않다. 특정한 제품이나 서비스의 지속적인 소비를 뜻하는 리텐션은 사용자가 제품을 얼마나 지속적으로 이용하는지를 보여 주는 지표다. 아무리 많은 신규 사용자가 유입되더라도, 이들이 재방문을 하지 않고 이탈한다면 그 제품은 성장하기 어렵다. 달리 말하면 후속 투자 유치 가능성이 낮다. 따라서 대부분의 디지털 제품은 리텐션을 높이는 일에 사활을 건다.

　많은 소셜 섹터 조직도 일반 기업처럼 그로스 해킹(growth hacking) 마케팅 방법을 따르고 있다. 그로스 해킹이란 사용자 데이터를 바탕으로 디지털 제품의 수정 과정을 지속적으로 최적화하며 수행하는 것을 말한다. 이를테면 그로스 해킹을 실현하기 위해 리텐션 비율뿐 아니라, 특정 기간 특정 행동을 하는 사용자를 가리키는 '활성 사용자(active user)'로 일간 활성 사용자, 월간 활성 사용자 등의 지표를 만들어서 관리한다. 사용자가 그 제품에서 시간을 얼마나 보내는지도 측정한다. 신규 사용자가 활성 사용자로 전환되면 그 제품은 성장한다. 활성 사용자에 관한 지표 또한 후속 투자 유치에 관건이기 때문이다. 소셜 섹터 조직이 같은 성장 전략을 적용하는 것은 투자 유치가 아니더라도 사회적 가치를 추구하는 제품은 더 많은 참여가 일어날수록 그 가치가 높아지기 때문이다. 또한 잘 기획된 제

　　　　　조성도

품[2]일수록 기존 제품과의 경쟁이 필연적이다. 공공기관의 의뢰로 만드는 제품도 정부24, 홈택스와 같이 독점적 지위를 지니고 있지 않으면 다른 제품과 경쟁하게 되기는 마찬가지다.

사용자를 중독시키는 친숙함

활성 사용자는 달리 말하면 특정 제품을 습관적으로 이용하는 사용자다. 습관과 중독은 그 경계가 명확하지 않은 회색 지대가 넓은 것 같다. 우리는 하나 이상의 디지털 제품에 습관이 들거나 중독된 사회에 살고 있다고 할 만하다. 1988년 처음 출간된 사용자 경험(user experience) 분야의 고전『도널드 노먼의 디자인과 인간 심리』는 사업에는 좋지만 환경에는 나쁜 디자인을 설명한다. 제품 수명이 제한되도록 만든 자동차나 매년

---

[2]　잘 기획된 제품이란 시장의 고객들이 어떤 제품을 사용해서 실제로 그들의 문제를 해결하는 제품이다. 이것을 '제품 시장 맞춤(product market fit)'이라고 한다. "시장이 원하는 제품, 고객의 문제를 해결하는 제품을 만들지 못하면 기업은 존속할 수 없다."(김민우, 「제품 진단: '프로덕트 마켓 핏'을 달성하지 않고는 99퍼센트 실패함」, 《퍼블리》, 2020년 6월 5일 자.)

새 모델을 출시하는 전자제품을 예로 들면서 "일상용품의 디자인은 과잉하고, 과부되고, 불필요한 일의 디자인이 되는 큰 위험에 빠져 있다."[3]라고 일갈한다. 디지털 제품도 예외는 아니다.

슬로워크에서 개발한 디지털 제품의 사례를 살펴보자. 서울시NPO지원센터의 의뢰를 받은 비영리 활동가들의 학습 플랫폼 '활동의 힘, 판'(이후 '판')은 일반 기업에서 만든 클래스101, 탈잉 같은 강의 플랫폼이나, 이벤터스 같은 행사 플랫폼과 경쟁하게 된다. 중장년층 교육 및 재취업을 촉진하기 위한 시니어 포털 '서울시50플러스포털'이나 '전성기닷컴'의 경우 잡코리아, 원티드 등의 취업 포털과 경쟁한다. 슬로워크에서 개발한 플랫폼이 의도했던 사회적 가치를 실현하려면 사용자가 클래스101보다는 '판'의 활성 사용자가 되어야 한다. 두 플랫폼이 같은 분야의 교육 콘텐츠를 제공하는 직접적인 경쟁 관계가 아닐지라도, 사용자가 자기계발에 투자할 수 있는 시간은 한정되기 때문이다. 넷플릭스는 이런 관점에서 "우리의 경쟁상대는 인간의

[3]   도널드 노먼, 박창호 옮김, 『도널드 노먼의 디자인과 인간 심리』 (학지사, 2016), 349쪽.

수면시간"[4]이라고 도전적으로 선언했을 정도다. '판'이 꾸준히 사용자를 잡아 두기 위해 그로스 해킹에 기반을 둔 클래스101의 성장 전략을 따르게 된다면, 비영리 활동가는 '판'을 중독적으로 이용하게 될 수 있다.

사용자의 이탈을 방지하기 위한 디자인 또한 중독을 유발할 수 있다. 사용자 경험은 무엇보다 사용자에게 친숙하게 디자인될 때 가장 효과적이다. 친숙한 디자인이라면 로그인 버튼이 어디에 있는지, 새로운 정보를 어떻게 확인하는지 따로 학습하지 않고도 직관적으로 알 수 있다. "로그인과 같은 기능에 표준 디자인을 차용하는 건 사용자와 디자이너 모두에게 매우 상식적인 일이다."[5] 사용자가 특정한 디자인에 친숙해지는 까닭은 평소 주로 사용하는 제품, 곧 상업적으로 큰 성공을 거두고 있는 제품이 그런 디자인을 채택하고 있기 때문이다. 그런 제품의 디자인이 사용자의 중독을 유발하는 마케팅 방법론을 실현하고 있음은 물론이다. 즉 사용자 이탈 방지나 개발 기간 단축을 위해 채

[4]   「헤이스팅스 넷플릭스 CEO "우리의 경쟁상대는 인간의 수면시간"」,《매일경제》, 2019년 11월 7일 자.
[5]   로라 클라인, 『린 스타트업 실전 UX』(한빛미디어, 2014), 164쪽.

태한 친숙한 디자인이 사용자를 중독시킬 수 있다.

사용자의 이탈을 방지하면서도 중독을 유발하지 않는 디자인을 개발할 수는 없을까? 제품 개발의 주도권을 갖고 있지 않은 에이전시로서 현실적인 한계에 부닥치곤 한다. 나 또한 우리가 개발하는 제품이 중독 유발 디자인을 적용하는 문제를 발견했다 하더라도 새로운 디자인을 개발해 보자고 동료들을 독려하고 고객사에게 새로운 디자인을 설득하기보다, 프로젝트의 일정 완수를 최우선에 두는 의사 결정을 할 때가 많다.

중독을 유발하지 않는 마케팅 솔루션 기획하기

고객사의 의뢰를 받은 입장이 아니면 중독 유발 디자인에 대해 좀 더 깊이 시간을 두고 고민해 볼 수도 있다. 슬로워크는 자체 제품을 개발하기도 하는데, 조직 또는 개인의 이메일 뉴스레터 발행에 사용되는 이메일 마케팅 솔루션 '스티비'[6]가 그중 하나다. 스티비를 처음 기획하던 2014년에 이메일 뉴스레터는 유효한 마케팅 채널이라기보다 스팸 메일로 여겨졌다. 업무 담당자들은 관성적으로 발송하던 뉴스레터를 맡고 있었을 뿐 당시 각광받던 페이스북, 인스타그램 등의 소셜 미디어 마케팅을 하고 싶어 했다. 게다가 뉴스레터는 한 번 발송하면 수정하거나 삭제할 수 없어서 큰 스트레스를 받았다.

이러한 사용자의 심리에 주안점을 두고 스티비를 기획했다. 첫째, 발송 스트레스를 줄이고자 했다. '발송하기' 버튼을 누르면 이메일 내용을 마지막으로 검토할 수 있는 화면을 제공해서 발송 후 수정 및 삭제가 불가능한 점을 보완했다. 둘째, 사용자의 자기효능감을 높이고자 했다. 뉴스레터가 마케팅 효과가 떨어지는 채널로 인식되는 배경에는 소셜 미디어에 비해 피드백이 즉각적이지 않은 특성이 있다고 분석했다. 소셜 미디어에서는 팔로, '좋아요', 댓글 등의 반응이 즉각적인 반면, 뉴스레터는 그런 실시간 반응을 확인하기 어려웠다. 그러므로 수신자들의 오픈, 클릭 등 뉴스레터와 관련된 즉각적인 반응을 소셜 미디어에서처럼 실시간

[6] 스티비 사업부는 2019년 (주)슬로워크에서 스티비(주)로 분사했다.

암림 메시지로 보여 주고자 했다. 그러나 두 번째 아이디어는 몇 가지 이유로 구현하지 않았다. 사용자들이 꼭 필요하지 않을 때도 스티비에 로그인한 뒤 화면을 새로고침하고 있지 않을까 하는 우려도 그중 하나였다. 기업 소비자를 대상으로 하는 제품인 스티비는 일반 소비자 대상 제품에 비해 이런 중독적인 요소를 개발할 필요가 적기도 했다.

최근 들어 알고리즘에 의해 원하지 않은 정보와 광고까지 노출되는 소셜 미디어에 대한 피로도가 높아지면서 뉴스레터가 오히려 각광받고 있다. 뉴스레터는 다른 사람은 보지 못하는 나의 메일함에 도달한다. 소셜 미디어와 달리 내가 어떤 뉴스레터를 몇 개나 구독하는지 드러나지 않기 때문에 다른 사람에게 어떻게 보일지 신경 쓸 필요가 없다. 구독하는 뉴스레터 외의 다른 메일이 끼어들지도 않는다. 친구가 구독하는 뉴스레터를 시스템이 알아서 소개하지 않고, 신청하지 않은 광고 메일은 대체로 스팸 필터로 걸러진다. 또 뉴스레터는 대부분 정해진 일정에 맞춰 발송된다. 매주 월요일 오전 7시에 오던 뉴스레터가 갑자기 수요일 오후 8시에 오는 일은 매우 드물다. 예상치 못한 소식이

조성도

등장할까 봐 받은메일함을 계속 들락거리지 않아도 된다. 스티비에서는 정기적인 일정에 맞춘 뉴스레터 발송을 유도하기 위해 예약발송 기능을 개발했고, 사용자들에게 이 기능의 중요성을 강조하고 있다.

스티비 출시 이후 슬로워크에서도 소셜 섹터 이슈를 한 번에 볼 수 있는 자체 뉴스레터 '오렌지레터'를 발행한다. 뉴스레터의 긍정적인 사례를 늘리고, 우리의 강점을 활용하려는 기획이다. 에이전시의 특성상 제작 의뢰를 받으면 어떤 제품이나 캠페인이 공개되기 훨씬 전에 소식을 접하게 되고, 추후 출시 전략에 관여하기도 한다. 사회적 가치를 추구하는 프로젝트에 한해서는 언론보다 정보력이 매우 좋은 편이고 소셜 섹터에서 막대한 자금력으로 광고를 집행하는 경우는 거의 없으니, 슬로워크의 정보력을 활용하면서 홍보 역량이 부족한 고객에게 도움을 줄 수 있는 것이다. 사회적 가치에 관심 있는 대중에게는 쉴 새 없이 게시물이 올라오는 소셜 미디어의 여러 채널을 구독하지 않고도 다양한 소식을 주 1회 정리된 형태로 받아 볼 수 있는 방법이다.

뉴스레터는 구독자가 1000명 늘어날 때마다 평균

적으로 오픈율이 0.5%포인트씩 떨어지기 때문에[7] 구독자 규모가 커질수록 리텐션을 높여야 하는 과제가 생긴다. 많은 뉴스레터들이 오픈율에 단기적으로 가장 큰 영향을 끼치는 제목을 매력적으로 작성하는 데 신경을 쏟는다. 오렌지레터도 오픈율이 정체되고 하락했을 때 제목에 구독자 이름을 넣기도 하고 질문을 던지기도 하며 실험을 해 봤지만, 유의미한 차이가 없었다.

단기적으로 리텐션을 높이려 하기보다 장기적인 관점에서 오렌지레터를 성장시킬 수 있는 방법을 찾아보기로 했다. 낚시성 제목 등 자극적인 요소도 마다하지 않고 업무 담당자의 스트레스를 가중시켜 가며 구독자 수, 오픈율, 클릭률 등의 지표에 매달리는 것만이 성과는 아니기 때문이다. 일정 기간 이상 뉴스레터를 오픈하지 않은 구독자들에게 메일을 보내 계속 구독할지 여부를 묻는다. 그간 오픈하지 않은 이유도 물어보는데, 오렌지레터의 목적 달성에 도움이 되는 아이디어를 얻기도 하고, 그것이 구독자가 다시 오렌지레터에 몰입하게 되는 계기가 되기도 한다. 그 메일조차 오

[7] 「스티비 이메일 마케팅 리포트 2021」(2021).

푼하지 않는 구독자는 구독자 목록에서 과감하게 삭제한다. 구독자 수는 줄어들지만 오픈율을 올리고 핵심 구독자에게 집중할 수 있는 기회가 된다.

중독적인 디지털 제품이 만연한 가운데 다른 성장의 길을 모색하는 스티비와 오렌지레터의 사례는 아직 미약하다. 하지만 이런 사례들은 성장을 다르게 정의할 가능성을, 그 방법을 함께 고안해 낼 수 있다는 것을 보여 준다고 생각한다. 우리와 같은 방향을 꿈꾸는 조직과 개인이 많아지길 기대하는 이유다.

진실을 보는

세계에서

정진영

정진영　　　서울대 지리학과를 졸업하고 같은 학교 대학원 지리학과에서 「비적정 주거의 상품화와 이윤 창출 메커니즘」으로 석사학위를 받았다. 고통과 책임의 문제에 관심이 있다. 개인의 고통에는 수많은 사람과 사건, 제도가 연루되어 있다고 생각하고, 그 연루의 구체적 그림을 그려 내고 싶다. 최근에 가장 관심이 가는 문제는 집을 통해 돈을 버는 것으로 인해 만들어진 고통의 구조다.

[주요어] #부동산 #건물주 #비적정주거
[분류] 지리학 > 부동산연구

"내가 본 것은 부유한
'조물주 위의 건물주'만은 아니었다.
나는 생존을 궁리하는 보통의 사람들,
상대적으로 '가난한' 공급자와
그러한 공급에 연루되어 있는
수많은 행위자들 또한 마주했다."

집주인이 되고자 하는 욕망은 새삼스럽지 않다. "서울 용산구, 한강이 내려다보이는 넓은 산등성이에 낡은 집들이 다닥다닥 붙어 있다. '개발해야겠네, 잘되면 대박이겠다, 평당 1억 넘겠는데, 사 놓을걸.'을 속으로나마 읊조리는 게 어색한 일은 아니다. 죄책감을 느낄 일도 아니다. 다들 그렇다."[1] 한남3구역의 재개발을 다룬 기사의 한 대목이다. 부동산으로 돈을 벌 수 있는 기회가 많았다. 1970~1980년대 서울 강남 개발, 1990년대 초 분당, 일산 등 신도시 개발 등을 겪으며 집을 통한 돈벌이는 보편적인 실천이 되었다.

[1] 「역대급 재개발 한남3구역의 장밋빛 내일 잿빛 오늘」, 《한겨레21》, 2021년 8월 22일 온라인 게재.

하자가 있는 집이라도 괜찮아

급격한 도시화 과정에서 집주인이 되고자 하는 욕망은 몸에 체현된 것이자, 생존을 위한 수단이었다. 한국 도시 중산층 가족을 연구한 여성학자 최시현에 따르면 1970년대 중반 이후 주부들은 가계부를 쓰고 근검절약하던 역할에서 벗어나 '투기화된 주체'가 된다. 아파트 분양권 추첨 등 대중화된 투기 현장에 뛰어들어 좋은 아내, 좋은 엄마의 역할을 수행한다.[2] 집에 대한 투자는 도시화 과정에 도사린 위험을 피하기 위한 수단이었다. 한국 자본주의는 공적 사회지출의 지체와 생활수단에 대한 상대적 저투자를 조건 삼아 성장했으며, 이에 적응하기 위해 가계들은 자가소유자, 나아가 임대인이 되기 위해 노력해 왔다.[3] 모두가, 심지어 정부에서 집주인이 되라고 종용하는 상황에서 상대적으로 가난한 사람들은 하자가 있는 집의 주인이라도 되고자 노력했다.

내 관심사는 이 '하자가 있는 집', 즉 비적정주거

[2] 최시현, 『부동산은 어떻게 여성의 일이 되었나』(창비, 2021).
[3] 김명수, 『내 집에 갇힌 사회』(창비, 2020).

다. 비적정주거란 거주자의 사회적이고 물질적인 경험이 인간다운 존엄성을 충분히 보장하지 못하는 주거를 의미한다.[4] 한국의 반지하, 고시원, 쪽방이 비적정주거의 대표적인 사례다. 좁은 면적, 노후화된 건물, 열악한 위생 상태는 그 자체로 인간다운 삶을 살아갈 권리를 침해한다.[5] 반지하, 고시원, 쪽방은 1980~1990년대를 거치며 급격히 늘어났으며, 지금까지도 많은 사람이 그곳에서 살아간다. 무엇이 인간의 존엄성을 해치는 주거를 계속 존재하게 할까?

[4]   Stone, M. E., What is housing affordability? The case for the residual income approach, *Housing Policy Debate*, 17(1)(2006), pp. 151~184.

[5]   "통계청 인구주택총조사에 따르면 숙박업소의 객실, 판잣집, 비닐하우스, 고시원 등 주택이 아닌 거처에서 생활하는 가구가 2005년 5만 4000가구에서 2015년 36만 가구로 급속히 증가했다. (……) 이에 인권위는 인간다운 생활이 어려운 열악한 주거를 의미하는 '비적정 주거 (inadequate housing)' 그 자체가 좁은 면적, 노후화된 건물, 열악한 환경과 위생 등으로 인해 인간다운 삶을 살아갈 권리, 건강권, 생명권, 사생활의 자유 등을 침해하는 요소라고 보고, 비적정 주거 거주민의 인권 증진을 위한 제도 개선 방안을 검토했다." 국가인권위원회, 2020년 1월 8일, '인권위, "적정한 주거에서 살 권리" 보장을 위한 권고' 중에서.

공간을 소유한 이와 사용하는 이

집이 처음부터 상품이었던 것은 아니다. 주거 공간이 소유자에 의해 배타적으로 소유되고, 공간의 소유자와 실제 사용자가 분리되기까지 유구한 역사가 있다. 대표적인 예가 '울타리를 친다'는 뜻의 인클로저 운동이다. 15세기 후반 양모 가격이 폭등하자, 영국의 지주들은 농지에서 농민들을 몰아내고 그 땅에 울타리를 쳐 양을 키우기 시작했다. "전에는 사람이 양을 먹었지만 지금은 양이 사람을 잡아먹는다."[6] 18세기 후반부터 19세기 전반에 걸쳐 근대적 의미의 토지 소유권이 확립되면서, 공동 경작지나 유휴지처럼 소유자가 누군지 모호한 땅을 사용하던 많은 이들이 쫓겨나거나 소유권 자체를 부정당했고, 소수의 지주가 많은 땅을 갖게 되었다.[7] 땅으로부터 자본을 축적하는 대지주와 가난한 소농민이라는 공간 소유자와 사용자의 대립 구도가 널리 퍼졌다. 지금의 건물주와 세입자로 이어지는 구

[6]   토머스 모어, 류경희 옮김, 『유토피아』(펭귄클래식, 2011), 97쪽.
[7]   한윤애, 「도시공유재의 인클로저와 테이크아웃드로잉의 반란적 공유 실천 운동」, 《공간과 사회》 26(3)(2016), 42~76쪽.

도다.

땅과 집에 배타적 소유권이 확립되고 집이 사고 팔리기 시작하며 집은 주거 공간이자 상품이 되었다. 그런데 사람들의 인식 속에서 집이 상품으로 의미화된 것은 비교적 최근이다. 어림잡아 20세기 중반까지도 집은 '나'와 분리될 수 없는 공간이었으며 이를 손쉽게 사고판다는 것은 상상하기 힘들었다. 집은 무엇으로도 대체될 수 없는 인간 실존의 중심으로 여겨졌다.[8] 집에 산다는 것은 존재 그 자체를 의미했다.[9] 100년도 지나지 않아 이제는 누구나 '집' 하면 '상품'을 떠올린다. '영끌 매수(집을 사기 위해 영혼까지 끌어모아 대출을 받는 것)', '빚투(빚을 내서 주택에 투자하는 것)' 같은 단어의 유행에서도 알 수 있듯이[10] 현재는 주거 공간보다 상품의 의미가 집에 더 강하게 투영된다.

[8]   Relph, E., *Place and placelessness*(SAGE, 2008).

[9]   Heidegger, M., *Being and Time*(Harper Perennial, 2008).

[10]   「영끌과 빚투 사이에서」, 《매일경제》, 2020년 9월 29일 자.

사용 가치가 낮을수록 투자 가치는 높아지는 상품

상품 가치가 주거 가치를 압도한다는 점이 가장 뚜렷하게 드러나는 곳이 바로 반지하, 고시원, 쪽방과 같은 비적정주거 공간이다. 반지하, 고시원, 쪽방은 물리적인 조건이 너무도 열악하여 주거 공간으로서의 사용가치가 매우 낮다. 반면 투자 상품으로서의 가치는 사용 가치가 낮아질수록 상승한다. 노후도와 열악함이 높아질수록 재개발, 재건축의 가능성이 증가하기 때문이다. 재개발, 재건축을 기다리는 상황에서 투자자들이 최소 비용으로 최대 이익을 누리는 방법은 바로 방치된 공간을 가난한 사람들에게 임대하는 것이다.[11] 이처럼 비적정주거에서 상품으로서의 가치 추구는 극단적인 형태로 드러난다.

슬럼, 달동네에서 보듯 전통적인 비적정주거는 가난한 거주자들이 직접 조성한 촌락 형태로 존재했다. 촌락의 고유한 공동체 문화는 빈곤을 극복하는 대안으

[11] 이혜미, 『착취도시, 서울』(글항아리, 2020); 정택진, 『동자동 사람들』(빨간소금, 2021).

로 언급되며, '희망의 슬럼'과 같은 논의를 불러일으키기도 했다. 그러나 현재 비적정주거 거주자들이 직접 조성한 공간이나 공동체 문화는 거의 남아 있지 않다. 1980~1990년대를 통과하며 불법 점유 및 자력 건설로 생성된 무허가주택이 해체되는 과정에서 한국의 반지하, 고시원, 쪽방은 임대 상품으로 등장했다. 그로부터 돈을 버는 사람들과 빈곤해지는 사람들이 등장한 것이다.[12] 가난한 거주자가 무상 토지를 개척하던 낭만적인 시기는 끝나고, 희망의 슬럼이 사라진 자리에 심화된 주거 자본주의가 들어섰다.[13] 비적정주거는 수요자에게 자신의 존엄을 잃게 하는 공간이자, 공급자에게 이윤을 가져다주는 투자 상품이다.

물리적인 조건이 너무도 열악한 집이 늘어나는 이유로 그동안의 연구는 세입자의 빈곤에 주목해 왔다. 비적정주거에 대한 수요가 끊임없이 존재하기 때문이라는 것이다. 이때 공급자 쪽을 바라보면 어떨까? 누

[12]   정진영, 「임대용 비적정 주거의 상품화와 이윤 창출 메커니즘: (반)지하, 고시원, 쪽방을 중심으로」(서울대학교 지리학과 석사학위논문, 2021), 48쪽.
[13]   마이크 데이비스, 『슬럼, 도시를 뒤덮다』(돌베개, 2007).

기, 어떻게, 왜 계속 비적정주거를 늘어나게 하고 있는지 공급의 측면까지 보아야 이 현상을 온전히 이해될 수 있다. 이 문제를 논의할 때 흔히 떠올리는 것은 가난한 세입자의 돈이 부유한 소수 집주인의 주머니로 흘러 들어가는 광경이다.

최저 빈민의 고혈을 짜내 부의 첨탑을 쌓아 온 쪽방촌 '빈곤 비즈니스'의 장본인들의 면면은 실로 다채로웠다. 쪽방 건물주 중 서울 강남구 도곡동 타워팰리스 등 고급 주거단지에 거주하는 인물이 적지 않았으며, 강남 건물주의 가족들, 중소기업 대표 등 재력가가 다수 포착됐다. 전직 유명 수능 인터넷 강사는 쪽방 건물 소유를 위한 가등기를 설정해 놨고, 고등학생 자녀를 건물 공동 명의자로 등재해 놓은 경우도 있다.[14]

그러나 '누가 반지하, 고시원, 쪽방을 공급하는가?'라는 의문으로 비적정주거의 공급 구조를 연구하

[14] 「쪽방촌 뒤엔… 큰손 건물주의 '빈곤 비즈니스'」,《한국일보》, 2019년 5월 7일 자.

면서 내가 본 것은 부유한 '조물주 위의 건물주'만은 아니었다. 나는 생존을 궁리하는 보통의 사람들, 상대적으로 '가난한' 공급자와 그러한 공급에 연루되어 있는 수많은 행위자들 또한 마주했다.

세입자의 가난, 공급자의 가난

자금이 넉넉지 않아 적정주거의 집주인이 되지 못하는 사람들은 비적정주거로 눈을 돌린다. 부동산 투자 관련 팁을 알려주는 책이나 영상은 비적정주거가 매력적인 대안이라고 말한다.

> 반지하에도 분명 사람은 살고 있으며, 누군가는 살게 되어 있다. (……) 가진 돈은 적지만 투자는 꼭 하고 싶다면, 반지하는 선택할 수 있는 매력적인 대안이 될 수 있다.[15]

> 실제로 반지하를 매입한 투자자의 말은 이를 뒷받

[15]   이재범, 『부동산 경매 따라잡기』(글수레, 2019), 261쪽.

쉽헌디.

"200~300만 원 받는 월급쟁이들이 접근할 수 있는
물건은 1억 미만이라는 생각이 들어서 감정가가 1억
미만이 아니고 입찰할 수 있는 그 구간대가 1억인 물
건들을 찾았어요. (……) 싸게 받는 걸 제가 한번 전
체적으로 부동산을 검색을 해 봤는데 그중에 눈에
들어오는 게 반지하가 있었어요."[16]

세입자의 가난과 동시에 공급자의 상대적 가난은
주거 공간의 비적정성을 유지하면서 이러한 공간을 증
가하게 만드는 기제가 된다. 이들은 비적정주거 매입
후 해당 공간을 약간 보수하여 임대 수입을 얻는다. 보
수를 거의 하지 않고 재개발, 재건축을 기다리며 개발
이익이 실현되기를 기대하기도 한다. 상대적으로 가난
한 이들이 비적정주거를 사고팔고 임대하는 실천이 비
적정주거를 유지하고 순환하는 동력이 된다.

이 과정에서 상대적으로 가난한 집주인들은 위험

[16] 유튜브 후랭이TV, 2018년 8월 6일, '반지하 빌라에 투자해도 괜
찮을까? | 반지하 빌라 장점 | 반지상 2부'(영상 인터뷰를 전사하여 인용)

과 부담에 직면한다. 주택 시장은 늘 불안정성을 동반한다. 집이 팔리지 않을 가능성, 임대되지 않을 가능성이 항상 존재하는 가운데, 하자 상품을 보유한 집주인들이 그 위험에 가장 많이 노출된다. 상품과 비상품의 경계에서 열악한 환경의 집일수록 팔리거나 임대되지 않을 가능성이 높다. 반지하 상품이 임대되지도 팔리지도 않을 때 그 부담과 불안을 오롯이 떠안는 사람은 집주인이고, 가난한 집주인일수록 심해진다. 정부에서 빚내서 집을 사는 것을 권장했고, 집주인이 되면 노후 걱정은 없다고들 했지만, 위험은 개인이 진다.

연구를 위해 만났던 한 반지하 집주인의 사례를 보자. 2000년대 초반에 그는 기회라고 생각하여 반지하를 구매했으나 해당 반지하는 애물단지로 전락했다. 계속 물을 퍼내야 할 만큼 누수와 곰팡이가 심해져 임대가 되지 않았기 때문이다. 팔리지도 않아 어쩔 수 없이 그 집에 살게 되었다. 생활이 어려우나 집이 재산으로 잡혀 정부 지원을 받지 못하는 상황이라고 했다. 이때 상품과 비상품, 투기와 주거, 세입자와 집주인 사이의 경계는 희미해지고 집주인은 그 경계를 넘나든다.

한편 고시원과 쪽방 사례에서는 집이 임대 상품으로 유지되는 구조에 얽힌 다양한 지위의 행위자들을 볼 수 있다. 임대 구조는 복잡하고 다층적이다. 임대고시원의 경우 고시원 건물의 소유자, 건물을 임차한 고시원 운영자, 고시원의 총무까지 세 단계로 나뉜다. 전대형 쪽방의 공급 또한 마찬가지다. 건물주, 건물을 빌려 쪽방을 만드는 공급자, 임대료를 수금하는 등 쪽방을 관리하는 관리자까지 세 층위의 사람들이 있다. 공급자-세입자라는 단순한 관계의 도식은 사라지고, 공급자 내부에 수많은 사람이 등장한다.

이러한 임대 구조에서 자본이 넉넉하지 않은 사람들도 부동산 투자에 뛰어든다. 가령 소유자와 운영자가 분리된 임대고시원은, 건물 신축 비용이 들지 않아 적은 자본으로 임대수익을 올릴 수 있다는 점에서 소규모 투자자에게 매력적이다. 다양한 분야의 온라인 강의를 제공하는 클래스101에는 '고시텔 사업으로 건물 없이 월세 받기'라는 강의가 등록되어 있다.[17] 2021년 3월 18일 기준으로 후기 123개, 수강생 만족도

98퍼센트에 달하는 해당 강의는 고시원 사업이 소규모 투자자들에게 건물을 소유하지 않고 임대수익을 올릴 수 있는 상품으로 인기 있다는 점을 보여 준다.

다층적인 임대 구조는 투자금과 함께 위험과 책임까지 분산하지만, 이는 동등하게 나누어지지 않는다. 고시원 투자의 실패는 건물주가 아니라 운영자에게 돌아간다. 세입자들에게 월세를 받아내야 하는 감정노동의 책임은 관리자에게 돌아간다. 쪽방 관리자의 사례를 보면, 이들은 쪽방촌 주민이기도 하면서 월세를 수금하고 간단한 수리를 하며 임대시장을 유지하는 구성원이다. 같은 공간에서 거주하는 이웃에게 매달 어떻게든 임대료를 받아내야 하는 상황이다. 쪽방촌 탐사 보도 취재기를 다룬 책 『착취도시, 서울』에서 쪽방 관리자는 쪽방의 공급 구조를 비판하는 저자에게 다음과 같이 말한다. "내가 이 동네 사람들 다 신경 쓰고 명절에 밥이라도 해서 먹인다고."[18] 나는 이러한 쪽방 관리자의 말에 어느 정도의 진실이 있다고 생각한다.

[17] 클래스101 온라인 강의, '고시텔 사업으로 건물 없이 월세 받기: 부동산 규제 없는 경제적 자유'.
[18] 이혜미, 앞의 책, 107~108쪽.

건물주의 통장에는 출처와 과정이 삭제된 돈들이 매월 입금되는 반면, 공급 구조의 가장 아래의 있는 사람은 월세의 출처를 목격하며 부담과 책임을 짊어진다. 다시 말해 더 다양한 사람이 비적정주거의 공급에 동참하게 되었지만 모두가 부담을 나눠 갖는 것은 아니다. 부담은 오히려 공급 구조 안에서 더 취약한 사람들에게 집중된다.

집주인이 되면 정말 도대체지 않을 수 있을까

누구나 집주인이 되어 돈을 벌고 싶어 한다. 그런데 집을 통해 돈을 벌고자 하는 평범한 욕망은 역설적으로 비적정주거가 생산되고 유지되는 동력으로 작동한다. 비적정성은 상대적으로 빈곤한 사람들까지도 비적정주거의 생산에 참여할 수 있게 하며 비적정성이 심화될수록 재개발, 재건축 이익에 대한 기대 또한 높아진다. 이처럼 비적정성 자체가 비적정 주거 재생산의 원동력으로 활용되는 양상은 심화된 주거 자본주의 체제의 단면을 보여 준다.

누구나 집주인이 되어 돈을 벌고 싶어 하지만 애초에 승리자가 될 수 있는 사람은 극소수다. 집주인을 옹호하려는 시도는 아니다. 비적정주거 재생산이라는 결과의 이면에는 주거 상품에 대한 '평범한' 욕망이 있다. 집을 통해 돈을 벌고자 하는 모두의 욕망이 어딘가에서 파열을 낳는다. 어떤 공급자는 투자에 실패하고 위험을 떠안으며, 누군가는 인간의 존엄을 해치는 집에서 살아간다. 무언가 잘못되었다는 것을 어렴풋이 느끼지만 동참하지 않으면 도태될 것만 같다. 이처럼 총체적으로 모순된 상황을 '부동산 중독'이라고 부를 수 있을 것이다. 집으로 돈을 버는 데 이미 너무 많은 이들이 동참하고 있으며, 아무 문제도 없는 것처럼 느껴지기도 한다. 그렇지만 부동산 중독의 세계에서 이 거대한 고통은 다만 더 취약한 쪽으로 쏠리고 있을 뿐, 결코 사라지지 않는다.

인물서에

지차하는 이유

지비억

지비원   2001년부터 고등학교 국어과 교과서를 만들면서 편집자 생활을 시작했다. 청소년·교양·문학·인문·실용 등 여러 분야의 책을 편집했으며, 2013년부터 일본어 번역가로도 활동하고 있다. 번역과 한국어 문장의 변천, 한국어와 일본어의 관계에 대해 지속적인 관심을 갖고 공부하고 있다. 옮긴 책으로 『당신의 자리에서 생각합니다』, 『아이디어 대전』, 『나의 페미니즘 공부법』, 『가뿐하게 읽는 나쓰메 소세키』, 『나를 위한 현대철학 사용법』 등이 있다.

[주요어] #번역이란무엇인가 #교정교열 #언어내번역

[분류] 국문학 > 번역사연구

"무엇을 읽든 간에 의심이 가는 부분은
좀 더 이해하기 쉽다고 생각하는 표현으로
바꾸어 보면서 살아가고 있다.
그럴듯한 표현을 찾아냈을 때는
누군가와 이야기하고 싶어진다.
이 과정 자체가 내게는
편집이며 번역이다."

인문학 서적을 잘 읽고 싶다. 어려운 글을 잘 읽고 이해할 수 있도록 누군가가 도와주었으면 좋겠다. 편집자로, 번역자로 그럭저럭 긴 시간을 보냈지만 내가 책을 대할 때의 마음가짐은 크게 변함이 없다. 쓰지는 못하더라도 이해할 수만 있으면 좋겠다. 그리고 같은 마음을 가진 사람들에게 조금이나마 도움이 되는 책을 만들었으면 좋겠다. 그렇다면 나는 왜 잘 읽지 못하는가? 한마디로 요약할 수 있다. 당신은 인문학에 재능이 없습니다.

　　나는 별다른 재능이 없다는 사실을 부인하지 않는다. 하지만 그렇기에 읽고 싶은데 읽지 못해 힘들어하는 사람에게 내 경험이 도움이 될 수 있지 않을까? 모르는 사람이 알아 가는 과정도 좋은 책이 될 수 있지 않을까? 나는 책을 만드는 사람으로서 이 의문이 유별나다고 생각지 않는다. 이제 막 대학 입학을 앞두고 있는 사람이 있다고 생각해 보자. 정도의 차이는 있겠지만 한국에서 12년간 공교육을 받은 평범한 고등학교 졸업생이 쉽게 접근할 수 있는 칸트나 니체 입문서가 있을까? 『순수이성비판』이라는 책을 썼다는 칸트나 "신은 죽었다."라고 말했다는 니체에 호기심이 생겼을 때 칸트나 니체의 핵심을 이해할 수 있다는 용기를 줄 수 있는 책. 나는 언제나 그런 책을 꿈꾸고 언제나 그런 책을 읽고 싶다. 그리고 나 혼자서가 아니라, 같이 읽고 싶다.

내가 일본어 번역을 해 보고 싶다, 할 수 있겠다고 생각한 것은 학술서가 아니더라도 내가 읽을 수 없었던 한국어 인문교양서와 달리 일본어 원서 중에는 읽을 수 있는 책들이 있었기 때문이다. 모어인 한국어보다 외국어인 일본어가 더 쉽게 느껴지게 만드는 책들은 내게 참으로 슬프고 이상한 느낌을 가져다주었다.

개념을 설명하려는 노력

나는 일본어를 제대로 공부한 사람은 아니다. 전공을 하지도 않았고 심지어 그 흔한 학원도 거의 다니지 않았다. 뒤늦게야 깨달은 사실이지만 내가 일본어를 공부하면서 의지한 건 한자가 한국어와 같은 말이 많은 외국어라는 점이다. 언젠가 플라톤의 『국가』 강독을 들으러 갔을 때 지나가듯 들은 선생님 말씀을 잊을 수 없다. "그런데 왜 이 책의 제목을 『국가』라고 했을까요?" '국가'라는 말이 한국에서 활자화된 거의 최초의 용례는 1895년 1월 30일 『대한제국 관보』라고 한다.[1] 아무렇지 않게 쓰이는 일상 용어이면서 고전의 제목이 된 '국가'는 안타깝게도 일본에서 들어온 말이다.

　『일본어에서 온 우리말 사전』의 편저자 이한섭이 이야기하듯이 이런 말들은 아주 많으며, 그중에서도 많은 인문 사회 학술 용어가 일본에서 만들어졌다는 사실은 내게 큰 충격을 주었다. 만들어졌다면 누가 만들었는지, 왜 만들었고 어떻게 만들었는지도 알아볼

[1]　이한섭 편저, 『일본어에서 온 우리말 사전』(고려대학교출판부, 2014).

수 있다는 뜻 아닌가? 이 과정을 무시하고 서양어 '어원'을 이야기한다는 것은 무슨 의미가 있는가?

'귀납'과 '연역'이라는 말의 예를 살펴보자. 고등학생 정도면 다 들어 본 말일 것이다. 나는 이 말이 만들어지는 과정을 '철학'이라는 말을 만든 사람에 대해서 찾아보다가 알게 되었다. 일본 근대의 계몽 사상가이며 관료로서 네덜란드로 유학을 갔던 니시 아마네(西周)는 서양 학술이 뭔지 모르며 서양에 가 본 적 없는 일본 제자들을 위해 서양 학술을 전반적으로 해설하는 강의를 한다. 「백학연환 제1총론(百學連環第一總論)」(1870~1871)이라는 제목으로 남아 있는 이 강의록은 일본이 서양 학술을 처음 받아들일 때 서양의 학(學)이란 무엇인가, 각 학문의 개요를 어떻게 이해했는가, 학문의 이름과 그 아래 개념을 어떻게 만들었는가를 살펴보기에 좋은 자료가 된다. 그리고 이 강의록을 거의 한 자씩 따라가며 니시 아마네가 왜 그렇게 이해하고 번역했는가를 되짚어 보는 책이 『「백학연환」을 읽다』[2]다.

[2] 山本貴光, 『「百学連環」を読む』(三省堂, 2016). 백학연환은 직역하면 '여러 학문 사이의 연관성'으로 번역될 수 있으며, 영어 encyclo-

니시 아마네는 제자들에게 '귀납'과 '연역'을 이렇게 설명한다.

그런데 진리를 발견하는 방략은 (……) 다양한데, 이들을 어떻게 해서 강구하고 찾아야 하는가를 알아두어야만 한다. 여기에 신치지학(新致知學)이라는 하나의 방법(法)이 있다.

원래는 A Method of the New Logic라 하여 영국의 John Stuart Mill이라는 사람이 발명했다. 그가 쓴 System of Logic이라는 서적은 상당한 대저다. 이를 가지고 학역을 크게 개혁하고 마침내 번성하게 하는 데 이르렀다. 그 개혁의 방법이 무엇인가 하면 induction이다. 이 귀납의 방법(歸納의法)을 알고자 한다면 그 이전에 deduction이라는 것을 알아야 한다. 연역(演繹)이란 글자의 뜻을 보면, 연은 늘리다, 역은 실마리에서 실을 끌어낸다는 뜻으로 무언가 하나 중요한 부분이 있어 거기서 뽑아낸 것이 여러 가지로 다양하게 미침을 말한다.

pedia를 번역한 말이다. 지비원, 『왜 읽을 수 없는가』(메멘토, 2021), 125~132쪽 참조.

이를 고양이가 쥐를 먹을 때에 비유해 보자. 고양이가 쥐를 먹을 때는 먼저 가장 중요한 부분인 머리부터 시작하여 차츰 몸통, 네 발, 꼬리에 이르게 된다. 옛 성현의 학에서도 공자는 인지(仁智)라 하였고 맹자는 성선(性善)을 말했다. 공자의 말은 더 나아가 논하기가 어려우나 맹자는 필칭요순(必稱堯舜)과 성선을 말했다. 인지를 말하든 성선을 말하든 모두 중요함을 가리키는 하나의 기호(記號)로서 여기에서 수많은 도리를 이끌어 낸다. 고래로 유학자는 그러한 바를 이치(理)로 삼았고, 경서를 배우는 자는 경서를 중요시했으며, 역사를 배우는 자는 역사를 중요시했다. 이들은 모두 그가 중요하다고 생각하는 것에서 다양한 도리를 이끌어냈다. 이것이 곧 고양이가 쥐를 먹는 연역의 방법이다. (……)

induction 즉 귀납의 방법은 연역의 방법과 반대로, 이를 사람이 반찬을 먹을 때에 비유해 보겠다. 사람이 반찬을 먹을 때는 가장 맛있는 부분을 조금씩 먹고, 마지막에는 먹을 수 있는 부분을 전부 먹는다. 이와 같이 진리도 작은 부분에서 시작하여 그 전체를 알고자 할 때 밖에서 안으로 모으는 것이다.

고양이가 쥐를 먹을 때 가장 중요한 머리부터 먹는 것이 바로 연역이라는 데에서 일단 그 의미는 제쳐두고 웃음이 날 수밖에 없다. 그러나 이런 식으로 설명하려는 노력은 결코 웃을 수 없다. 일본에서 당시의 사족들에게 중국 유학 지식이 필수였다는 점을 생각해 보면 강의를 듣는 제자들이 상당한 지식을 갖고 있었으리라고 짐작할 수 있다. 그런 이들에게 쉬운 비유를 들어 설명한 150여 년 전의 한 일본 지식인의 노력이야말로 눈길을 끈다. 말을 새로 만드는 것도 중요하지만, 그 말이 갖는 자의성을 넘어서려면 이렇게 다른 말로 설명하려는 노력이 필수라고 생각하기 때문이다.

교정교열이란 다듬기가 아니라 번역하기

그렇다면 다른 말로 어떻게 표현할 수 있는가? 이것은 번역자만이 아니라 편집자의 중요한 일 가운데 하나다. 오류를 교정하는 것은 물론 본의를 해치지 않으면서도 더 좋은 표현을 찾아야 한다. 이는 흔히 교정교열이라고 불리지만, 글을 고친다는 일반적인 인식을 넘어서는 가능성을 생각하게 돕는 개념이 있다.

　러시아 출신의 언어학자 로만 야콥슨은 '언어 내 번역'이라는 개념을 제시한다. 로만 야콥슨은 「번역의 언어학적 측면들에 관하여」[3]라는 논문에서 언어 기호의 해석을 세 가지 방법으로 구분했는데, 그 첫머리에 바로 이 언어 내 번역, 또는 바꾸어 말하기가 놓인다. 같은 언어 안에서 언어 기호를 다른 언어 기호로 해석하는 것이다. 두 번째는 번역이라는 말을 들었을 때 쉽게 떠올리는 언어 간 번역(또는 본연의 번역)이며, 세 번째는 기호 간 번역(또는 기호 변경)이다.

　야콥슨의 언어 내 번역 개념을 처음 접했을 때 그것이 내가 매일 하고 있는 일이라는 생각에 놀랐다. 나는 오랫동안 글을 고치면서 살아왔는데, 야콥슨이 이를 번역이라는 말로 개념화한 것이다. 논문에서 명시하지는 않았지만, 야콥슨은 어떤 언어적 기호를 해석하여 다른 언어적 기호, 또는 언어가 아닌 기호로 나타내는 과정 자체를 번역으로 지칭하고 있다. 그렇다면 이 세 가지 번역 사이에는 위상의 차이가 없다고 보아

[3]　라이너 슐테, 존 비게넷 엮음, 이재성 옮김, 『번역 이론: 드라이든에서 데리다까지의 논선』(동인, 2009), 228~240쪽.

도 무방할 듯하다. 야콥슨은 어느 번역이 더 중요하다는 식으로 구분하지 않았다는 해석이다.

　이는 다시 두 가지 문제의식을 갖게 한다. 첫 번째는 교정교열이라는 책 만드는 작업 중 한 과정을 언어 간 번역만큼 중요하게 여길 필요가 있다는 점이다. 현실적으로는 교정교열에 대한 물질적 대가나 사회적인 인식이 당장 크게 바뀌리라고 생각하지는 않는다. 하지만 이 과정이 언어 간 번역만큼 중요하다는 인식이 커진다면 변화의 여지가 있다. 두 번째는 언어 내 번역이 아는 사람이 모르는 사람을 위해 하는 일이라는 점이다. 사실 이는 번역의 기본적인 목적이다. 외국어를 내가 아는 언어로 번역하는 이유가 무엇인가? 그 외국어를 모르는 사람을 위해서다. 그렇다면 언어 내 번역도 그런 차원에서 생각해 볼 여지가 있지 않을까? 시인 옥타비오 파스는 말한다.

　우리가 말을 배운다는 것은 번역하기를 배우는 것이다. 아이가 어머니에게 어떤 단어의 뜻을 묻는다면 그 아이는 실제로 어떤 이질적인 단어를 그가 이미 알고 있는 쉬운 말로 번역해 달라고 요청하고 있는 것이다. 이런 의미에서 같은 언어 내의 번역은 본질적으로 언어 간 번역과 다르지 않으며, 지구상 모든 민족들의 역사들 또한 이 아이의 경험과 유사하다.[4]

분명 한국어로 쓰여 있으나 읽을 수 없는 책들을 접할 때마다 나는 가끔씩 파스의 이 말을 떠올린다. 글을 쓰는 사람이 누구나 쉬운 말로 번역할 의무는 없다. 하지만 누군가는 해 주었으면 하는 바람이 있다. 이 바람이 때로는 지나친 요구가 될 수도 있다는 사실도 잘 안다. 하지만 불가능한 과제라고 생각지는 않는다.

개념을 번역하는 방식

칸트가 제시한 개념 하나를 어떻게 번역할 수 있는가를 살펴보자.

(1) 사실문제/권리문제(事實問題/權利問題, Quaestio

[4] 옥타비오 파스, 「번역: 문학과 문필」, 앞의 책, 241쪽.

facti/Quaestio juris)

칸트가 범주의 객관적 실재성의 증명을 '초월론적 연역'이라는 형태로 수행하고자 할 때 '연역'의 목표를 명시하기 위해 도입하는 법학적 개념. 칸트에 따르면 법학자들은 합법성과 권한에 관한 문제를 단지 사실에 관한 문제로부터 구별하여 '권리문제'라고 부른다.[5]

(2) 칸트의 용어. 법학자는 어떤 사실 문제를 권리문제와 사실문제(quid facti)로 구별하여 양자를 증명하는 데 반해, 칸트는 오성의 선천적 개념인 카테고리가 무슨 이유로 대상에 대하여 객관적인 타당성을 지니는가 하는 문제를 권리문제로 보고, 카테고리의 선험적 연역을 그 해결 방법이라고 제시했다. 그는 자기의 인식론에서, 인식의 발생적 문제(사실문제)를 다루지 않고 인식의 성립이 가능한가 하는 문제, 권리 근거를 다루는 것을 가리키기 위해 이 용어를 사용했다.[6]

[5] 사카베 메구미 외, 이신철 옮김, 『칸트사전』(도서출판b, 2009).
[6] 임석진 외, 『철학사전』(중원문화, 2009). 두 사전은 네이버 지식백과(https://terms.naver.com/)에서 검색해 볼 수 있다.

예문 (1)은 일본에서 나온 『칸트사전』의 번역본에
실린 '사실문제/권리문제'의 정의의 일부이며, 예문 (2)
는 한국에서 나온 『철학사전』에 실린 '권리문제'의 정
의이다. 둘 다 철학 전공을 하는 사람들을 위한 내용이
라고 할 수 있다. 사실, 권리, 문제의 일상적인 뜻과 전
혀 다른 뜻으로 사용되고 있는 데다 이들을 설명하는
말 자체가 더더욱 어렵기 때문이다. 이때 요청되는 것
이 언어 내 번역이다. 다음 번역문을 보자.

여기에서 문제가 되는 것은 나중에 칸트가 사용한
용어로 말하자면 '사실문제'가 아닙니다. 그러한 사
실이 있었는가가 문제가 아니라는 뜻입니다. 여기에
놓여 있는 것은 '권리문제'입니다.
권리문제는 다음과 같은 뜻입니다. 'X가 어떻게 해
서 가능한가'를 논의한다고 해 봅시다. 이때 예를 들
어 지금 X가 존재한다면 X가 가능하다는 사실은 명
백합니다. 지금 존재할 수 있으니까요. 하지만 지금
존재한다 하더라도 '어째서 X가 가능한가'를 논리적
으로 질문해 볼 수 있습니다. 이것이 권리문제입니다.
예를 들어 로크도 홉스도 상응하는 사회 질서가 있

다는 실제 문제는 인정했습니다. 하지만 그들은 인간은 본래 자유롭다고 생각했습니다. 원래는 자유롭지만 실제로는 온전한 자유가 발휘되지 않고 상당히 억제되는 것처럼 보입니다. 홉스의 관점에서는 '생존권을 완벽히는 행사하지 않는' 것이고 로크의 관점에서는 '더 일어날 만한 분쟁이 소거되어 있는' 것입니다. 즉 논리적으로는 일어나야 하는 일이지만 실제로는 일어나지 않습니다. 이를 어떻게 설명할까가 바로 권리문제입니다. 일종의 비유적인 법률 용어이지만 논리적으로 일어나야 하는 일이 실제로는 일어나지 않는 논리적인 이유에 대한 개념입니다.[7]

이는 사회질서의 성립을 이야기할 때 나오는 '만인 대 만인의 투쟁'과 같은 일은 실제로 벌어진 어떤 역사적 사실이 아니라고 설명하는 대목이다. 로크나 홉스가 누구인지도 모르고 그들의 사회론에 관심이 없는 사람이라면 읽기 어려울 수 있다. 하지만 이 글은 거의 일상적으로 사용하는 단어들로만 이루어져 있다. 글쓴

[7]　大澤真幸,「2 社会契約の思想 社会学前夜」,『社会学史』(講談社現代新書, 2019) 전자책.

이는 국내에두 몇 권의 번역서가 나와 있는 일본의 사회학자 오사와 마사치다. 이 글은 언어 내 번역의 완벽한 예는 아니어도 '이 정도면 되지 않을까?'라는 생각을 갖게 하는 한 예다. 그리고 나는 늘 이런 예를 찾아다닌다. 그러다가 니시 아마네처럼 150여 년 전의 예를 만나기도 하고 오사와 마사치처럼 최근의 예를 만나기도 한다. 그리고 오랜 세월을 뛰어넘어 이들이 '이해할 수 있는 말로 번역한다'라는 전통 아닌 전통에 맞닿아 있다는 생각이 든다.

인문서에 대한 의무 또는 집착

내가 일본의 인문학 입문서를 읽거나 번역하면서 얻은 것은 공부를 전문적으로 하지 않는 이들도 쉽게 읽을 수 있는 인문서 만들기가 불가능하지는 않다는 희망이다. 불가능하지 않다는 희망과 '왜 안 되는가?'라는 의문 사이에 놓여 있을 수많은 현실적인 이유 사이에서 정교한 그물을 짜 바람직한 하나의 결과물을 내놓는 것은 큰 숙제다. 하지만 가급적 희망적으로 전망하고 싶다. 그것이 가급적 많은 독자가 인문학을 쉽게 접할 수 있기를 바라는 편집자이자 번역자로서의 의무 같은 것이라고 생각하기 때문이다.

다들 알다시피 인문 학술의 문체나 용어는 당장 바꿀 수 있는 것이 아니며, 한국에서 형성되어 온 역사 또한 존중해야만 한다. 하지만 '왜 이런 용어나 문체를 갖게 되었는가' 하는 의문은 품어 볼 수 있다. 그런 의문에서 나는 늘 언어 내 번역이라는 개념을 붙들고 있다. 초등학생을 위한 백과사전이든, 신문 칼럼이든, 인문 교양서든 무엇을 읽든 간에 의심이 가는 부분은 좀 더 이해하기 쉽다고 생각하는 표현으로 바꾸어 보면서 살아가고 있는 것이다. 그럴듯한 표현을 찾아냈을 때는 누군가와 이야기하고 싶어진다. 더 이해하기 쉬운지 사람들에게 한번 보여 주고 싶다. 늘 좋은 결과만 있는 것은 아니지만 이 과정 자체가 내게는 편집이며 번역이기도 하다.

'왜 한국의 인문 학술이 이런 용어나 문체를 갖게 되었는가'라는 고민의 시작은 소박했고 또 이를 어디까지 밀고 나갈 수 있을지는 모르겠지만 차근차근해 보고 싶다. 그리고 아마 이런 고민을 하는 이가 나만은 아닐 듯하다.

참고 문헌(발표순)

김지효「인생샷을 찾는 사람들」

한병철, 『타자의 추방』(문학과지성사, 2017).

김지효, 「20대 여성의 인생사진 문화 연구」, 서울대학교 여성학협동과정 석사학위논문(2020).

장은수, 「셀카에 빠진 아이들」,《매일경제》, 2018년 11월 24일 자.

"Selfie is Oxford Dictionaries' word of the year," *The Guardian*(2013. 11. 19., www.theguardian.com/ books/2013/nov/19/selfie-word-of-the-year-oed-olinguito-twerk).

"The 25 Best Inventions of 2014," *Time*(2014. 11. 20., www.time.com/3594971/the-25-best-inventions-of-2014/).

김민주「미디어중독자의 행복한 삶」

김민주, 「리드머가 보는 한국 힙합: 정확하지 않은 시선의 무효성」, 네이버 블로그 '가을하늘의 단비'(2020, https:// blog.naver.com/sjctk1/222039960254).

「[아티스트] 에픽하이의 17년, 그리고 지금」, 네이버 블로그 '가을하늘의 단비'(2021, https://blog.naver.com/sjctk1/222193065558).

_____, 「김도훈으로 보는 K-R&B의 시대」, 《알 수 없는 평론가들》 2호(2021, https://variouscritics.postype.com/post/9730084).

양소하, 「무너지는 아카이브: 지극히 개인적인 비평」, 《온음》(2021, http://www.tonplein.com/?p=7103) 참고.

[Monthly] 2021년 1월: 싱글, 《아이돌로지》(2021, https://idology.kr/13550).

과학기술정보통신부·한국지능정보사회진흥원, 「2020 인터넷 이용실태조사」(2021).

김관욱 『"담배, 참 맛있죠"』

시드니 민츠, 김문호 옮김, 『설탕과 권력』(지호, 1998).

빅터 터너, 박근원 옮김, 『의례의 과정』(한국심리치료연구소, 2005).

김관욱, 『아프지 않았으면 좋겠습니다: 무감각한 사회의 공감 인류학』(인물과사상사, 2018).

리처드 윌킨슨, 케이트 피킷, 이은경 옮김, 『불평등 트라우마: 소득 격차와 사회적 지위의 심리적 영향력과 그 이유』(생각이음, 2019).

데이비드 코트라이트, 이시은 옮김, 『중독의 시대: 나쁜 습관은 어떻게 거대한 사업이 되었는가?』(커넥팅, 2020).

Warburton, D. M., "Poisoned People: internal pollution." *Journal of Biosocial Science* 10(3)(1978).

Jankowiak, William, and Daniel Bradburd, *Drugs, Labor, and Colonial Expansion*(USA: The University of Arizona Press, 2003).

Jackson, Michael. *Existential Anthropology: Events,*

Exigencies and Effects. Vol. 11(Methodology and
　　History in Anthropology Berghahn Books, 2005).
Jankowiak, William, and Daniel Bradburd, "Using drug
　　foods to capture and enhance labor performance: a
　　cross-cultural perspective.", *Current Anthropology*
　　37(4)(2005).
Johann Hari, "Everything you think you know about
　　addiction is wrong."(2015. 7. 9. TED 영상) https://
　　www.youtube.com/watch?v=PY9DcIMGxMs

허성원 「섹스 중계자들의 우화」

지크문트 프로이트, 박찬부 옮김, 「쾌락 원칙을 넘어서」, 『정신분석학의
　　근본 개념』(열린책들, 2020).
마이클 홉스, 「함께 있어도 외롭다: 게이들의 새 전염병,
　　외로움」, 《허프포스트》 2017년 3월 17일 자(https://
　　www.huffingtonpost.kr/2017/03/16/
　　story_n_15416596).
Leo Bersani, *Is the Rectum a Grave? and Other
　　Essays*(University of Chicago Press, 2010).

임민경 「중독자의 곁에 있기」

알코올상담치료센터, 『회복에 이르는 길: 알코올 문제로 고통받는
　　이들과 그 가족을 위하여』(하나의학사, 1993).
박용목, 『테네시 윌리엄스 평전』(현대미학사, 2013).
Gail Levin, Lee Krasner, *A Biography*(William Morrow,
　　2011).
올리비아 랭, 정미나 옮김, 『작가와 술』(현암사, 2017).
Wright, P. H., & Wright, K. D., "Codependency: Addictive
　　love, adjustive relating, or both?", *Contemporary*

family therapy 13(5)(1991).

Vohs, K. D., & Baumeister, R. F., "Addiction and free will", *Addiction research & theory* 17(3)(2009).

Vonasch, A. J., Clark, C. J., Lau, S., Vohs, K. D., & Baumeister, R. F., "Ordinary people associate addiction with loss of free will", *Addictive behaviors reports* 5(2017).

Skóra, M. N., Pattij, T., Beroun, A., Kogias, G., Mielenz, D., de Vries, T., ⋯⋯ & Müller, C. P., "Personality driven alcohol and drug abuse: New mechanisms revealed", *Neuroscience & Biobehavioral Reviews* 116(2020).

Cutler, R. B., "Abatement of craving in recovering alcoholics: A descriptive analysis", *Addiction Research & Theory* 13(2)(2005).

유기훈 「강제 치료를 둘러싼 문제」

정신건강증진 및 정신질환자 복지서비스 지원에 관한 법률(약칭: 정신건강복지법)(2016. 5. 29., 전부 개정).

윤제식·김창윤·안준호, 「정신건강복지법 비판: 비자의 입원 요건을 중심으로」, *Journal of Korean Neuropsychiatric Association* 57(2)(2018).

「가족의 알코올 중독 문제, 어쩌면 좋을까요?」,《정신의학신문》, 2018년 6월 6일 자(http://www.psychiatricnews.net/news/articleView.html?idxno=9289).

유기훈, 「당뇨학과 장애학: 질병과 장애 정체성, 그리고 의학」, 《비마이너》, 2018년 8월 22일 자.

_____, 「내가 너를 가능하게 하리라: 아빌리파이의 탄생」,《비마이너》, 2021년 3월 29일 자.

_____, 「마약과 치료제 사이」, 《비마이너》, 2021년 6월 24일 자.

Teresi, Louis. *Hijacking the Brain, How drug and alcohol addiction hijacks our brains the science behind twelve-step recovery*(Author House, 2011).

Hammer, Rachel, et al. Addiction, "Current criticism of the brain disease paradigm", *AJOB neuroscience*(3)(2013).

Vrecko, Scott. "Birth of a brain disease: Science, the state and addiction neuropolitics", *History of the Human Sciences* 23(4)(2010).

Singer, Judy. "Why can't you be normal for once in your life? From a problem with no name to the emergence of a new category of difference.", *Disability discourse*(1999).

노경희 「불멸에 이르는 중독」

『숙종실록』.

주희, 『회암집(晦庵集)』 권46.

한용운, 『님의 침묵』(회동서관, 1926).

조수삼, 『추재집(秋齋集)』 권8(보진재, 1939).

정민, 『미쳐야 미친다』(푸른역사, 2004).

안대회, 『벽광나치오』(휴머니스트, 2011).

안정복, 『순암집(順菴集)』 권8.

이수광, 『지봉유설』 권7.

Online Etymology Dictionary(https://www.etymonline.com)

조성도 「CEO의 '착한' 경쟁 이야기」

로라 클라인, 『린 스타트업 실전 UX』(한빛미디어, 2014).

도널드 노먼, 박창호 옮김, 『도널드 노먼의 디자인과 인간 심리』(학지사,

2016).

조성도, 『일잘러를 위한 이메일 가이드 101』(북바이퍼블리, 2018).

애덤 알터, 홍지수 옮김, 『멈추지 못하는 사람들』(부키, 2019).

김민우, 「제품 진단: '프로덕트 마켓 핏'을 달성하지 않고는 99퍼센트
　　실패함」,《퍼블리》, 2020년 6월 5일 자.

「스티비 2021 이메일 마케팅 리포트」(2021), https://
　　report.stibee.com/2021/

정진영 「집으로 돈 버는 세계에서」

데이비스, 마이크, 『슬럼, 도시를 뒤덮다』(돌베개, 2007).

이재범, 『부동산 경매 따라잡기』(글수레, 2019).

토머스 모어, 박문재 옮김, 『유토피아』(현대지성, 2020).

김명수, 『내 집에 갇힌 사회』(창비, 2020).

이혜미, 『착취도시, 서울』(글항아리, 2020).

최시현, 『부동산은 어떻게 여성의 일이 되었나』(창비, 2021).

정택진, 『동자동 사람들』(빨간소금, 2021).

국가인권위원회, 「인권위, "적정한 주거에서 살 권리"
　　보장을 위한 권고」(2020년 1월 8일 자, http://
　　www.humanrights.go.kr/site/program/board/
　　basicboard/view?&boardtypeid=24&menuid=001004
　　002001&boardid=7604951).

한윤애, 「도시공유재의 인클로저와 테이크아웃드로잉의 반란적 공유
　　실천 운동」,《공간과 사회》26(3)(2016).

정진영, 「임대용 비적정 주거의 상품화와 이윤 창출 메커니즘: (반)지하,
　　고시원, 쪽방을 중심으로」(서울대학교 석사학위논문, 2021).

「역대급 재개발 한남3구역의 장밋빛 내일 잿빛 오늘」,《한겨레21》,
　　2021년 8월 22일 자.

「영끌과 빚투 사이에서」,《매일경제》, 2020년 9월 29일 자.

「쪽방촌 뒤엔…… 큰손 건물주의 '빈곤 비즈니스'」,《한국일보》, 2019일

05월 7일 자.

후랭이TV, 「반지하 빌라에 투자해도 괜찮을까? | 반지하 빌라
　　　장점 | 반지상 2부」(2018년 8월 6일 자, https://
　　　www.youtube.com/watch?v=QnLRWGiSubU).

클래스101 온라인 강의, '고시텔 사업으로 건물 없이 월세 받기: 부동산
　　　규제 없는 경제적 자유'(https://class101.net/products/
　　　bM6mHt511x3FAaF5d1bH).

Stone, M. E., What is housing affordability? The case
　　　for the residual income approach, *Housing Policy
　　　Debate*, 17(1)(2006).

Relph, E., *Place and placelessness*(SAGE, 2008).

Heidegger, M., *Being and Time*(Harper Perennial, 2008).

지비원 「인문서에 집착하는 이유」

라이너 슐테, 존 비게넷 엮음, 이재성 옮김, 『번역 이론: 드라이든에서
　　　데리다까지의 논선』(동인, 2009).

사카베 메구미 외, 이신철 옮김, 『칸트사전』(도서출판b, 2009).

임석진 외, 『철학사전』(중원문화, 2009).

이한섭 편저, 『일본어에서 온 우리말 사전』(고려대학교출판부, 2014).

지비원, 『왜 읽을 수 없는가』(메멘토, 2021).

山本貴光, 『「百学連環」を読む』(三省堂, 2016).

大澤真幸, 「2 社会契約の思想 社会学前夜」, 『社会学史』(講談社現代新書,
　　　2019).

3호   환상(2020년 9월)

3호를   「환상과 함께 살아남기」
펴내며

김영준   「환상을 팝니다」
          문학 > 비교문학
          #환상문학
          #세계문학전집
          #기획자

맹미선   「포스트 코로나라는 상상」
          과학기술학 > 도서비평
          #코로나19
          #K-방역
          #행동수칙

김공회   「기본소득, 이상 또는 공상」
          경제학 > 정치경제학
          #기본소득
          #마르크스
          #재난지원금

이병현   「「조커」, 억지웃음의 이미지」
          인문예술 > 영화비평
          #조커
          #대중영화
          #영상이미지

김유진   「판타지와 함께 살아남기」
          문학비평 > 어린이문학
          #판타지어린이문학
          #모험과회귀
          #원초적진실의세계

박지원   「잔혹한 낙관에서 깨어나기」
          교육학 > 교육사상
          #K-교육
          #잔혹한낙관주의
          #코로나19

임보라   「어두운 사건들을 통과하기」
          문학 > 독일현대문학
          #토마스베른하르트
          #불안
          #현실적환상

윤영광   「가상과 거짓의 철학」
          철학 > 독일근대철학,
          프랑스현대철학
          #진리와가상
          #관점주의
          #거짓의역량

계은진   「북한 출신인 게 뭐 어때서?」
          인류학 > 문화인류학
          #정체성
          #북한출신청년
          #거리두기

강혜민   「희망의 물리적 토대」
          사회학 > 장애학
          #장애운동
          #활동가
          #현장

4호   동물(2021년 1월)

4호를   「동물을 안다는 것에 대하여」
펴내며

최태규   「동물원에서의 죽음」
         수의학 > 동물복지학
         #퓨마
         #동물원동물
         #동물복지

전윤정   「낙태는 여성의 권리다」
         여성학 > 법여성학
         #재생산권
         #성적사회계약
         #여성의개인화

김지혜   「플라스틱바다라는 자연」
         환경학 > 환경사회학
         #굴
         #해러웨이
         #해양쓰레기

심경호   「옛사람의 호랑이 생각」
         한문학 > 조선중기연구
         #호랑이
         #호환마마
         #맹자

전의령   「"나만 없어, 반려동물"」
         인류학 > 문화인류학
         #반려동물
         #매개된친밀감
         #반려시장

이상훈   「어깨걸이극락조 그리는 법」
         미술 > 미술재료학
         #회화
         #미술재료
         #물감

김은주   「고양이 앞에 선 철학자」
         철학 > 프랑스현대철학
         #고양이
         #데리다
         #시선

정진우   「새들이 살 수 있는 곳」
         생명과학 > 조류학
         #탐조
         #멸종위기종
         #서식지

윤병선   「그 소는 뭘 먹고 자랐을까?」
         경제학 > 농업경제학
         #소
         #공장식축산
         #푸드플랜

이소영   「이름 없는 동물의 보호소」
         사회학 > 행정학
         #반려동물
         #동물보호법
         #유기동물보호소

5호 일(2021년 5월)

5호를 「쓸모 있는 일을 하려는
펴내며 사람들에게」

김수현 「개미투자자가 하는 일」
인류학 > 문화인류학
#불로소득
#경제적자유
#스마트개미

배세진 「동학개미, 어떻게 볼 것인가」
철학 > 현대프랑스철학
#금융화
#주식투자
#화폐란무엇인가

조해언 「젊은 플랫폼노동자의 초상」
사회학 > 노동사회학
#자투리노동
#플랫폼자본주의
#노동경험

최의연 「노동자의 밤에 일어나는 일」
철학 > 현대프랑스철학
#노동과작업
#프롤레타리아의밤
#프레카리아트

홍태림 「예술은 노동인가?」
미술 > 미술비평
#예술노동
#임노동
#대가제도

함선유 「돌봄을 정당하게 대우하라」
사회학 > 사회복지학
#돌봄노동
#돌봄불이익
#보람

임안나 「일자리를 따라 이동하기」
인류학 > 문화인류학
#이주의여성화
#필리핀돌봄노동자
#연결망

강민정 「과로죽음에 이르지 않도록」
사회학 > 노동문제
#과로죽음
#유가족
#적정노동시간

최하란 「직장에서의 셀프 디펜스」
사회학 > 불평등과 폭력
#직장내괴롭힘
#셀프디펜스
#건강과안전

최수근 「한국어를 가르치는 일」
교육학 > 한국어교육
#언어
#한국어교육
#노동운동

인문잡지 한편
7
중독

글
김지효, 김민주, 김관욱, 허성원, 임민경,
유기훈, 노경희, 조성도, 정진영, 지비원

편집
신새벽, 이한솔, 김세영, 조은

디자인
유진아

발행일
2022년 1월 14일

발행인
박근섭, 박상준

펴낸곳
(주)민음사

등록일 / 등록번호
2020년 5월 20일
강남, 사00118

주소
서울시 강남구 도산대로1길 62(신사동)
강남출판문화센터 5층(06027)

대표전화
02-515-2000

홈페이지
www.minumsa.com

값 10,000원

ISBN / ISSN
978-89-374-9151-1 04100
2733-5623

매주 목요일
인문잡지 한편의 저자들을
만나 보세요.

CBS와 FLO가 함께 제작하는
MZ세대를 위한 시사 프로그램 <이슈FLEX> 에서
한편에 실린 글을 주제로
필진들과 매주 인문학 토크를 합니다.

DAILY 이슈FLEX

<이슈FLEX>는 깃털보다 가벼운 시사 프로그램입니다.
세상에 관심은 많지만 뭐부터 들어야 할지, 봐야 할지 모르겠는 분들에게
벌처럼 잽싸게 날아가 나비처럼 팔랑거리겠습니다.

<이슈FLEX>는 FLO 모바일앱 ▸ 둘러보기 ▸ 오디오 메뉴에서 들으실 수 있습니다.